カナダ
太平洋
大西洋
シアトル
ワシントン
オレゴン
モンタナ
イエローストーン
国立公園
アイダホ
ワイオミング
ノースダコタ
サウスダコタ
ミネソタ
ミネアポリス
ウィスコンシン
ミシガン
デトロイト
ディアボーン
シカゴ
アイオワ
ネブラスカ
ネヴァダ
ユタ
オークランド
サンフランシスコ
ヨセミテ
国立公園
オーロラ
デンバー
コロラド
カンザス
セントルイス
ミズーリ
イリノイ
インディアナ
オハイオ
ケンタッキー
カリフォルニア
モントレーパーク
ロサンゼルス
ラホーヤ
アリゾナ
フェニックス
ニュー
メキシコ
オクラホマ
アーカンソー
メンフィス
テネシー
デイトン
タスカンビア
アラバマ
アトランタ
ジョージア
ミシシッピ
ジーナ
ダラス
テキサス
ヒューストン
ルイジアナ
ニューオリンズ
サンフォード
フロリダ
マイアミ
メキシコ湾
ニューハンプシャー
ヴァーモンド
メイン
ボストン
ケンブリッジ
ニュータウン
マサチューセッツ
ロードアイランド
コネチカット
ニューヨーク
ニューヨーク
ニュージャージー
ペンシルヴェニア
ピッツバーグ
ワシントン
デラウェア
メリーランド
ウエストヴァージニア
ヴァージニア
ノースカロライナ
サウスカロライナ
チャールストン
北極海
アラスカ
アラスカ湾
カナダ
太平洋
メキシコ
ハワイ
太平洋
フロリダ
キューバ
大西洋
プエルトリコ
グアンタナモ
ジャマイカ
ハイチ
ドミニカ共和国
カリブ海

これならわかる

アメリカの歴史 Q&A

石出法太
石出みどり

大月書店

読者のみなさんへ

皆さんは、「アメリカ人になりたいな」と思ったことはありませんか？　私はあります。アメリカ人は明るくフレンドリーで、何事にもチャレンジし、カジュアルなおしゃれや暮らしもすてきです。多様な文化を受け入れ、自立心が旺盛で、助け合いやチャリティにも熱心です。

でも、いちばん「アメリカ人になりたいな」と思ったのは、試験の時でした。アメリカ人だったら、わざわざ英語を勉強する必要がありません。生まれた時から英語に囲まれて、母語として自然に英語が身につきます。外国に行っても英語でオーケー、そのまま旅行や仕事ができるなんて、アメリカ人は断然お得です。そしてインターネットが始まると、ネットの情報は圧倒的に英語が多いので、英語はますます便利で有利なことばになりました。

歴史の勉強をする時も、アメリカの独立は一七七六年ですから、その歴史はまだ二五〇年にもなりません。日本史で言えば、江戸時代の後半から勉強すればよいのです。

ところがアメリカ人のことばは、英語だけではありませんでした。アメリカの国勢調査には「家庭で使われる言語」を尋ねる項目があります。この調査に

首都ワシントンのホワイトハウス

よると、家庭ではスペイン語を話すという人が、ニューヨークでは二四%、ロサンゼルスでは四四%もいます。英語を上手に話せる人も、家族とは母語や自分の民族のことばで話すのです。フランス語やドイツ語、中国語や韓国語、タガログ語、ベトナム語を使う家庭もあるでしょう。そういえばニューヨークでコーヒー店に寄った時、注文のやり取りは英語でしたが、店員さん同士はスペイン語で話していました。

またアメリカの歴史も、じつは短くはありません。私は歴史でも英語でも「一四九二年、コロンブスがアメリカを発見した」、"America was discovered by Columbus in 1492." と習いましたが、この考え方には複数の問題点があります。くわしくは本文に書きましたが、コロンブスが来る以前、移民が国をつくる以前から、この大陸には人びとが住んでいました。

さて、「アメリカ」ということばは、正式には「アメリカ合衆国」と書かなければなりません。「アメリカ」は北アメリカ大陸と南アメリカ大陸を指すことばでもあるからです。「アメリカ」とはアメリカ合衆国だけではないのですが、この本では「アメリカ合衆国」を指すことばとして、簡便な「アメリカ」ということばを使います。

また、"The United States of America" の訳語として、「アメリカ合衆国」でよいのか、五〇州が連合する国なのだから「アメリカ合州国」が適切だという

アメリカの国章と国鳥の白頭鷲
アメリカを象徴する鷲の胸の赤白の縞、頭上の星、オリーブの葉、矢の数はすべて一三で、独立時の一三州にちなむ。その頭は矢（戦争）ではなくオリーブ（平和）に向けられている。

考えがあります。たしかに「州」と訳している“state”には「主権を持つ国家」の意味があり、州はそれぞれ政府や警察、軍隊を持っています。日本の都道府県よりも格段に大きな自治権があるので、この説はもっともです。一方、「合衆」には「多くの人や物などが集まって一つになること、連合すること」という意味があり、「合衆国」は「民主政治、共和政治の国」という意味になります。ペリーと結んだ日米和親条約の当時の正式名称は、「日本國米利堅合衆國和親條約」で、「合衆国」の文字が使われました。この本では教科書で使われている「アメリカ合衆国」を用います。

最後に、テレビで見た印象的なシーンがあります。フェンスの外からホワイトハウスを見ていたアメリカ人の少女に、レポーターが尋ねました。「あそこに住みたい？」すると少女は「ノー、あそこに住む人を使う人になりたい！」と答えたのです。ね、なんてユニークな答えでしょう。

この本には一〇〇の質問と答えを載せました。私たちは最善を尽くしましたが、つねにひとつの答えが正しいとは限りません。皆さんがこの本を読んでどなたかと話したり、新しい疑問が浮かんで答えを見つけようとしたりするならば、こんなにうれしいことはありません。調べたこと、考えたことを、ぜひお友だちやご家族に伝えてください。

グランド・キャニオン国立公園
雄大な自然もアメリカの魅力のひとつである。

◆の印はアメリカの歴史に関連する映画の紹介です。興味をもたれた方はご覧ください。

目次 CONTENTS

10 「黄金の一九二〇年代」

11 世界恐慌の時代

12 第二次世界大戦とアメリカ

13 冷戦のはじまり

14 世界に進出するアメリカ文化

15 平等を求めて

16 激動の一九六〇年代

17 一九七〇年代のアメリカ

18 「超大国」のアメリカ

1 アメリカのはじまり

アメリカの学校の歴史の教科書を見ると、コロンブスの来航以前のことにはあまりページが割かれていません。「コロンブス以前」は先史時代とされ、また独立以前の植民地時代の歴史も、一部以外は重要視されてきませんでした。

アメリカ先住民の歴史がアメリカの歴史として位置づけられるようなったのは、最近のことです。

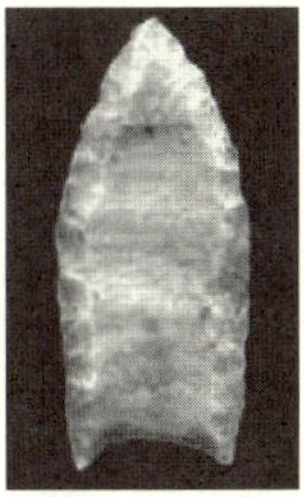
フォルサムから出土した石器（投げ槍）

Q1 アメリカ大陸に人が住みついたのは、いつごろですか。

A1 人類は今から約五〇〇万年前にアフリカで誕生し、そこから地球の各地に移住していったと考えられています。アメリカ大陸への移住は、二〇世紀のはじめには、せいぜい四〇〇〇年くらい前と考えられていました。しかし一九二五年ニューメキシコ州のフォルサムで、投げ槍《やり》用と思われる石器が発見されました。これをきっかけに約一万年前の地層から石器が刺さった動物の骨なども発見され、アメリカ大陸に人が住みついたのは、一万年以上も前にさかのぼることが明らかになりました。

その後発掘調査が進められ、一九三〇年代にはフォルサムの石器よりもっと古い石器が発見され、一万二〇〇〇年前にマンモスなどを狩猟していた人びとがいたことがわかりました。一万年くらい前の人びとは北米から中米、南米の各地で生活し、紀元前九〇〇〇年ごろには南米の南部にまで及んでいたようです。

これら先住アメリカ人は生物学や言語学、人類学や考古学の研究の結果、アジア系と考えられています。彼らはどのようにして大陸に渡ったのでしょうか。

今から数万年前、地球は氷河期で、シベリアとアラスカのあいだのベーリング海峡は細長い陸橋で地続きになっていました。このとき人びとはアジアから徒歩で移住したと考えられ、それは約二～三万年前とされています。こうして最初に住みついた人びとが、「ファースト・アメリカン」と考えられます。

Q2 ヨーロッパ人が北米に進出するようになったころ、先住民の人口はどのくらいだったのですか。

数万年前のベーリング海峡

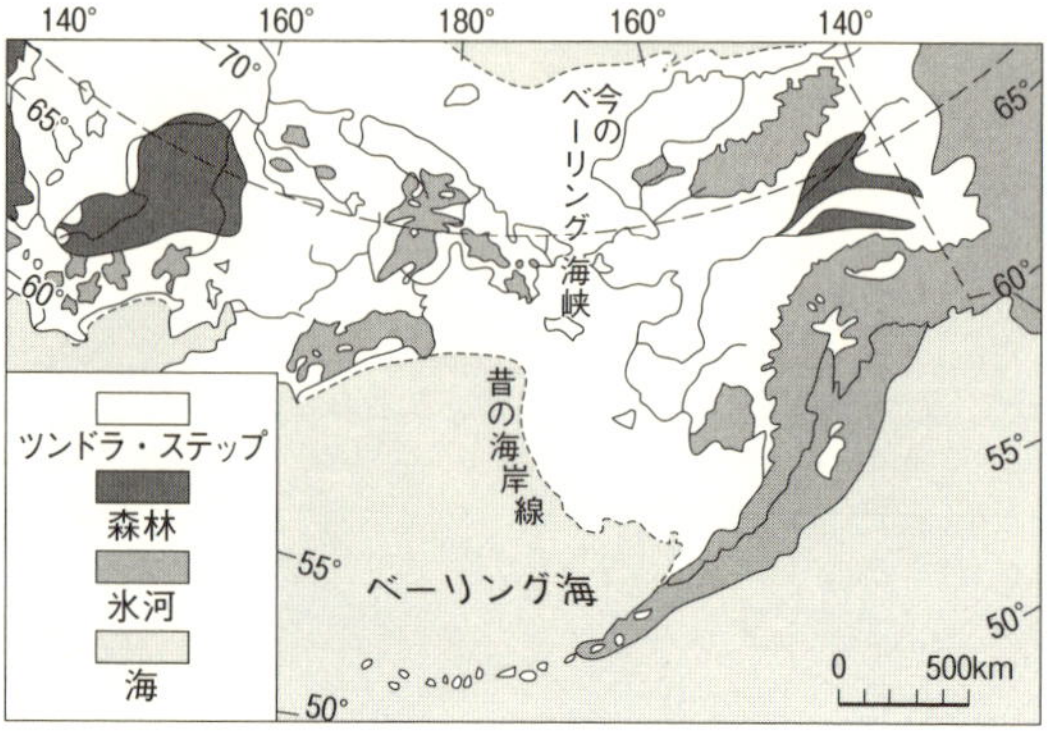

A2

一六世紀ころの先住民の人口は、二〇〇万～七〇〇万人くらいと考えられていますが、一〇〇〇万人以上と推定する学者もいます。そしてその人口は、西部開拓が終わる一九世紀末には、二五万人にまで減少しました。

人口激減の理由としては、まずヨーロッパ人がもたらした病気（天然痘《てんねんとう》、はしか、ジフテリア、インフルエンザなど）があります。これらの病気はそれまでアメリカ大陸には存在しなかったため、免疫力《めんえきりょく》のなかった先住民はつぎつぎと感染し、集団で死に絶えました。第二に、白人の進出と同時に進行した先住民に対する虐殺《ぎゃくさつ》があげられます。

北米の先住民は南米のインカ帝国のような国家はつくらず、五〇〇余りの部族に分かれ、言語の系統も五〇前後あったと考えられています。部族は数百人程度から数万人のものまであり、東部の森林地帯にはモホーク族、中部の大平原にはコマンチ族、南西部の乾燥地帯にはナバホ族などが居住し、各地で独自の生活と文化が展開されていました。

先住民は自然を敬って生活をおくり、独自の信仰と世界観を持ち、土地は人間の誰かが所有するものというような考えは持っていませんでした。これら先住民の文化は、自然環境や生活様式によって北の森林狩猟文化圏、中央部の平原農耕文化圏など、いくつかに分けられます。先住民というと頭に羽飾りをつけ、大平原を馬で駆けまわる人びとというイメージは、のちに白人が映画やテ

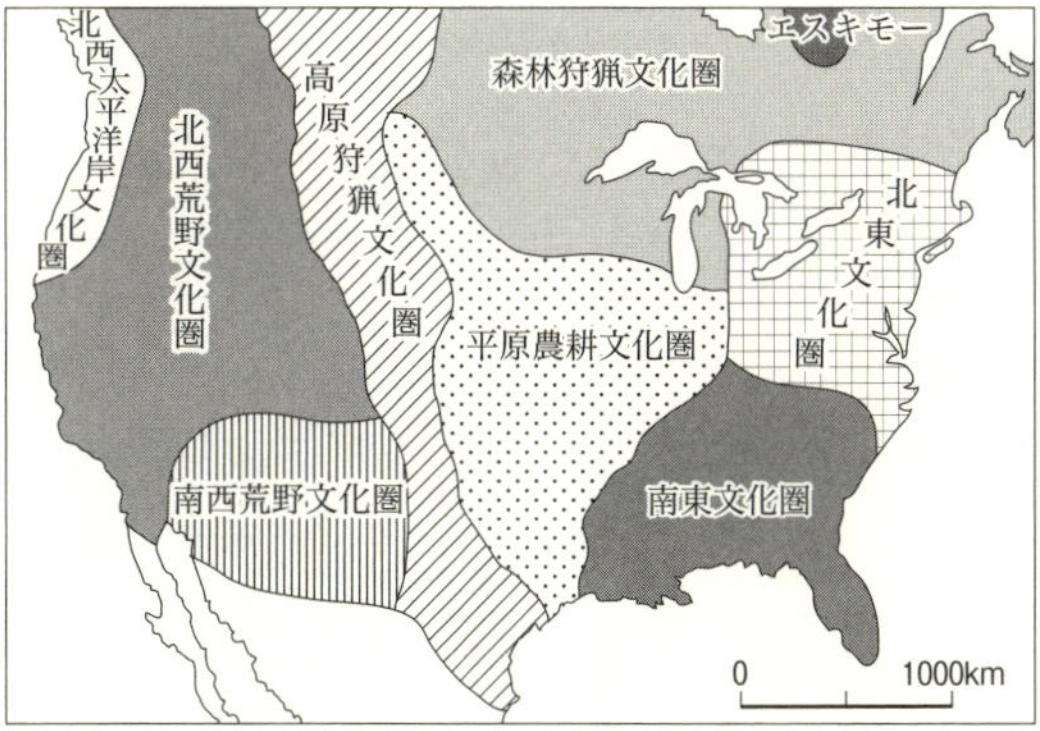

八つの生活文化圏（参考／『物語アメリカの歴史』猿谷要、中央公論社）

レビでつくりだしたものです。

Q3 トウモロコシやジャガイモはアメリカから世界に広がった、というのは本当ですか。

A3 本当です。現在アメリカは世界最大の農産物輸出国ですが、その農産物の種類の半分以上は、先住民によって栽培されていたものだといわれます。トウモロコシ、ジャガイモ、サツマイモ、トマト、トウガラシ、カボチャ、ピーナツ、タバコなどがその代表的なもので、先住民が渡来したヨーロッパ人に栽培を教え、世界各地に広がりました。

たとえばトウモロコシは、前五〇〇〇年頃には、メキシコなど中南米で広く栽培されていたようです。野生のトウモロコシの実は小さく、粒もわずかしかありませんでした。それを先住民が長い時間をかけて品種改良を重ね、食用の植物に変えたのです。

トウモロコシは備蓄が可能で、必要なときに水にひたし、すりつぶして調理しました。その際に使われた石皿や臼《うす》などが北米で見つかっています。トウモロコシは先住民の重要な食料で、ポップコーン*の痕跡もみつかっています。

北米へは、いくつかのルートを通って中米から伝えられたと考えられます。ミシシッピ川とその支流周辺では、紀元前一五〇〇年ごろにトウモロコシの栽

トウモロコシを植える先住民（The Mansell Collection）

＊……ニューメキシコ州の遺跡から前二〇〇〇年頃の爆裂種のトウモロコシが発見され、焚き火の中に乾燥した種子を投げ込んで作ったポップコーンの痕跡も見つかっている。

ポップコーンは低価格で、世界恐慌の時代に映画を見ながら食べるものとして広まったという。日本へは第二次世界大戦後、アメリカ兵によってもたらされた。

培と土器の使用がはじまり、正方形に土を盛ったマウンド（塚）がつくられるようになりました。

　マウンドは祭祀《さいし》や墳墓《ふんぼ》として使われ、イリノイ州セントルイス市の東方には、ユネスコの世界遺産に登録されたカホキア遺跡があります。高さ三〇メートルの巨大なモンクス・マウンドを中心に、周囲には多数の小型のマウンドが散在しています。一二、一三世紀頃にはマウンドを中心に集落が形成され、人口は約二万人と推定されています。

Q4 バッファロー（アメリカバイソン）は絶滅したのですか。

A4 広大なアメリカにはさまざまな野生動物が生息し、哺乳類だけでも四〇種類以上といわれます。さまざまな種類のクマやシカ、オオカミ、キツネ、ピューマ、ビーバーなどのなかで、歴史的に注目される動物のひとつが、大型の野生牛のバッファローです。

　バッファローは、ヨーロッパ人が北米に進出する前には、極寒の地を除いて北アメリカのほとんどの地に生息していたようです。その数はわかりませんが、平原が見渡すかぎりバッファローで埋め尽くされて真っ黒だったとか、ミズーリ川を大群が渡りきるのに三日間もかかったなどという話もあり、その数は六

カホキア遺跡のマウンド

〇〇〇万頭ともいわれます。

先住民のなかにはこのバッファローを狩猟《しゅりょう》し、バッファローを頼りに生活してきた人たちがいました。群れで生活するバッファローには、共同で猟をするのが効果的です。崖上《がけうえ》から谷間や峡谷《きょうこく》に追い落としたり、用意した柵に追いこんで弓矢でしとめたりしました。

秋に捕らえたバッファローの肉はおいしく、生《なま》のままや煮て食べたり、干したり燻製肉《くんせいにく》にしました。皮は移動式のテントや靴、手袋、衣服となりました。骨はナイフや槍先、角《つの》は食器類、腱《けん》からは弓の弦や紐《ひも》がつくられました。胃袋は水を入れたり、調理容器として用いられ、糞《ふん》は燃料になりました。このようにバッファローは先住民の生活に欠かせない重要な獲物のため、先住民のあいだでは*バッファローの霊に対する信仰が生まれました。

しかし、バッファローの数は一九世紀末には一〇〇〇頭以下になりました。白人が毛皮などをとるために狩猟し、抵抗する先住民を苦しめるためにも大量に殺害したからでした。大陸横断鉄道の開通はこれに拍車をかけました。バッファローの生活圏が遮断《しゃだん》され、**狩猟ツアーが増加したのです。現在は保護策がとられ、数万頭まで回復したといわれますが、準絶滅危惧種とされています。

白人に殺されたバッファローの頭蓋骨の山（一八七〇年代）

*……夏のバッファロー狩りの季節に平原諸部族が集まり、偉大な精霊に感謝して踊った儀式がサンダンスである。政府はこれに不安を感じ、一九〇四年からしばらく禁止した。

**……「窓からバッファロー撃ち放題」という鉄道ツアーが宣伝された。参加者の白人は列車内からバッファローを撃ち、先住民の怒りを呼んだ。

Q5 先住民はどんなところに住んでいたのですか。

A5 北米各地の先住民の住居は、自然環境に合わせてさまざまでした。

ニューメキシコ州のチャコ・キャニオン国立公園内に、一〇世紀ごろから建設された大集落遺跡があります。いくつものキヴァと呼ばれる宗教的な施設、広場、住宅からなり、四〜五階建ての建物には窓がない外壁に囲まれた部屋が多数並んでいます。人口は一〇〇〇人以上と推定されています。

また、コロラド州メサ・ヴェルデ国立公園にも集合住宅跡が見られ、なかでも「クリフ・パレス（崖の宮殿）」には、二〇以上のキヴァと二〇〇以上の部屋が残されています。公園内最大の遺跡で、いちばん高いところは四階建ての高さがあり、高層マンションのようです。これらは森の中にあるため、一九世紀まで白人の目にふれることはありませんでした。住宅は渓谷《けいこく》の崖の自然のくぼみや平地を利用して、石や日干し煉瓦《れんが》（アドビ）を用いてつくられています。

こうしたニューメキシコ、アリゾナ、コロラド、ユタの四州にまたがる高原地帯に栄えた文化は、アナサジ文化と呼ばれます。人口の集中を可能にしたのは、農業生産力の発達でした。大規模な灌漑《かんがい》施設がつくられ、トウモロコシとカボチャ、マメなどが栽培され、七面鳥などが家畜として飼育されました。

クリフ・パレス（©Massimo Catarinella）

2 ヨーロッパ人との出会い

ヨーロッパ人がアメリカに到着すると、そこにはすでに長いあいだ暮らしていた先住民がいました。

先住民はヨーロッパ人をどのように迎えたのでしょうか。また、ヨーロッパ人はどのように彼らに接していったのでしょうか。

サンサルバドル島に上陸するコロンブス

Q1 「コロンブスがアメリカを発見した」という言い方は、おかしいのですか。

A1 アメリカでは一〇月の第二月曜日がコロンブス・デーとされ、コロンブス*の最初の航海を記念する国の祝日となっています。一四九二年一〇月一二日、スペインの港を出航して大西洋を横断したコロンブスは、カリブ海のバハマ諸島の島に到着し、そこをサンサルバドルと名づけました。つまり、彼

*……（一四五一～一五〇六年）、イタリアのジェノヴァの出身とされる。スペイン女王の支援を受け、大西洋を越えて四回の航海を行った。

◆映画『1492 コロンブス』（一九九二年、監督リドリー・スコット） コロンブスの生涯を描いた作品。コロンブスのアメリカ大陸到達五〇〇周年を記念して制作された。

が上陸したのはアメリカ大陸ではなく、島でした。この島は今日のサンサルバドル島と推定されますが、はっきりはしません。そしてそれ以前の一〇〇〇年ごろ、大陸にスカンディナヴィアのヴァイキングのレイフ・エリクソンなどが到達していた可能性も指摘されています。

コロンブスは西へ航海すればアジアに到達できると考えていたため、死ぬまで自分が到達した地をインドの一部と信じていたともいわれます。このためにアメリカ先住民は英語では「インディアン」、スペイン語では「インディオ」と呼ばれることになったともいわれます。しかし、今日ではこの名称はさまざまな意味で適切ではないとされ、「ネイティヴ・アメリカン」が一般的に使われます。

のちに、アメリカ大陸はアジアとは別の大陸であると主張したのは、イタリアのフィレンツェ出身の航海者アメリゴ[**]・ヴェスプッチでした。したがって、「コロンブスがアメリカを発見した」という言い方には様々な問題があり、また何よりもすでに先に住んでいた人びとがいました。コロンブスのアメリカへの「到達」は歴史的にさまざまな意味があり、先住民[***]にとっては不幸な歴史のはじまりともなりました。近年では「発見」ではなく「到達」、ふたつの文明の「出会い」という言い方が広まっています。

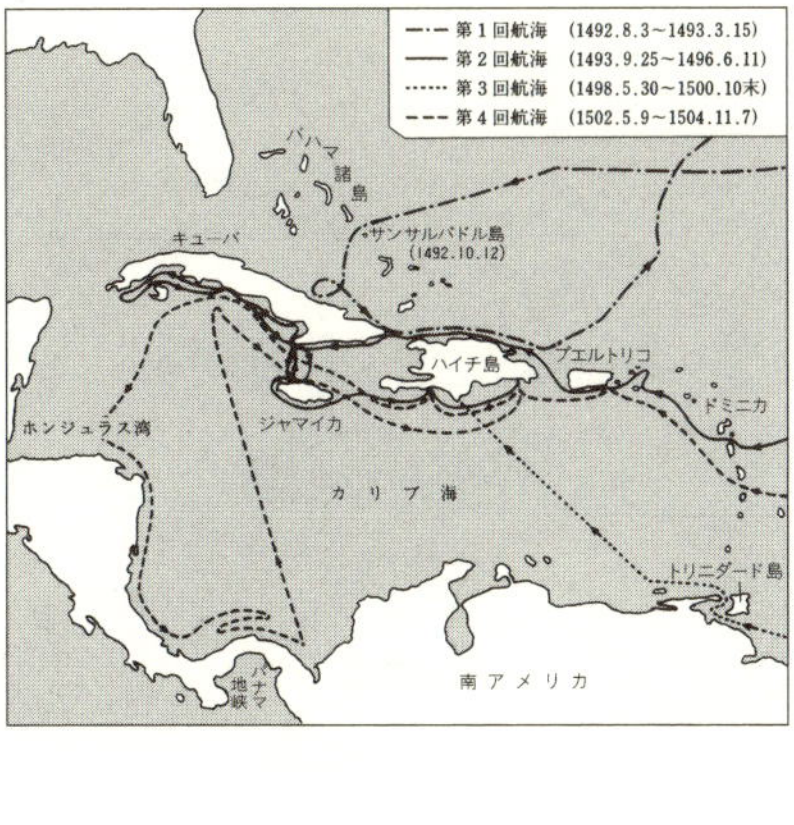

四度にわたるコロンブスの航海

**……(一四五四〜一五一二年)、イタリアのフィレンツェ出身。一五〇七年にドイツの地理学者ヴァルトゼーミュラーが、アメリゴの名前から「新大陸」をアメリカと名づけた。

***……現在、先住民の諸団体は「コロンブスのアメリカ発見」という考えに異議を唱え、アメリカに最初に来たのはアメリカ先住民であるとして、「アメリカ先住民の日」を定めることを主張している。

Q2 ヨーロッパ人はどこに町をつくったのですか。

A2 北米に最初に進出したのはスペインでした。スペインは一五六五年に南部フロリダにセントオーガスティンを建設し、一六一〇年にはロッキー山脈南端のふもとにサンタフェを建設しました。しかしスペインは中南米に広大な植民地をかかえ、北米東海岸に進出する余力はありませんでした。

イギリスは一六〇七年、東海岸のヴァージニアにジェームズタウンを建設します。当初は人口が半減するような苦難に直面しましたが、先住民の首長ポーハタンらの善意によって救われました。しかし入植者たちは先住民の村を襲い、トウモロコシを奪うようになります。一六二二年には侵略の危機を感じた先住民の抵抗によって、植民者の三割にあたる三四七名が殺害されました。しかし三年前にオランダ船がはじめて運んできた黒人は、このとき一人も殺されませんでした。先住民は誰彼かまわず殺害したわけではなかったのです。

オランダはハドソン川河口にあるマンハッタン島の南端に植民地をつくり、本国の首都の名前をとってニューアムステルダムと命名しました。そして一六二六年、オランダの植民地総督はマンハッタン島を六〇ギルダー相当のナイフやガラス玉で買い取った、といわれます。しかし交渉相手の先住民は誰なのか、

港町として発展するニューヨーク

はっきりしません。また、先住民には土地を「所有する」「売買する」という考え方はありませんでした。六〇ギルダーがどのくらいの価値なのかもわかりません。その後一六六四年、第二次イギリス・オランダ（英蘭）戦争でこの地をイギリスが占領し、国王チャールズ二世が弟ヨーク公*に与えたことから、ニューヨークと改名されました。

*……この戦争の指揮官。のちのジェームズ二世。

Q3 「感謝祭」はどのようにはじまったのですか。

A3 秋の収穫に感謝する伝統行事は、多くの民族や国にあります。アメリカでは感謝祭は一一月の第四木曜日とされ、家族親戚が集まり、食事をする日となっています。

このはじまりは、イギリスで宗教的迫害を受けたピューリタン*（清教徒）が信仰の自由を求めてアメリカに渡り（→三〇ページ）、幾多《いくた》の困難を乗りこえ、収穫を神に感謝した行事とされます。

一六二〇年の暮れ、メイフラワー号でプリマスに到着した一〇〇人余りのイギリス人は、厳しい寒さや劣悪な生活条件のもとで、半数が越冬できずに死亡しました。翌年春、彼らの前に現れた先住民は鹿や魚のとり方、トウモロコシの栽培などを教えました。秋にはたくさんのトウモロコシが収穫され、はじめ

*……カルヴァン派を源流とするプロテスタントの呼び名。イギリス国教会が持つカトリック的な要素を取り除こうとした。

ての収穫祭がおこなわれました。先住民ワムパノアグ族の首長のマサソイトも、九〇人の部下と五頭の鹿を持って祭りに参加しました。

しかし白人が感謝を捧げた対象は、先住民ではなくキリスト教の神でした。先住民の助けが必要でなくなれば、土地を所有したい白人にとって先住民はじゃまな存在でしかありません。

白人入植者の増加は、先住民との対立を深めました。マサチューセッツ族の大半は白人が持ちこんだ天然痘《てんねんとう》で病死し、ピークォート族とは戦争になり、白人は大量虐殺《ぎゃくさつ》をおこないました。ワムパノアグ族との友好関係も、マサソイトの死後悪化しました。

Q4 先住民のことばが地名に残っている、というのは本当ですか。

A4 全米五〇州のうち二〇州以上の州名が、その地に居住した先住民のことばに由来します。たとえば自然に関わるものでは、アリゾナは「小さな泉」、ケンタッキーは「平原」、ミシガンは「大きな湖」、ミシシッピは「大きな川」、オハイオは「きれいな（大きな）川」、ワイオミングは「大平原」を意味しています。

先住民のことばは小さな町から大都市、山や湖、川や渓谷などの名前にも多

プリマス植民地総督と友好のパイプをとりかわすマサソイト首長

く残されています。ペリー来航時の四隻の黒船のうち、「サスケハナ」号は先住民がつけた川の名で、「ポーハタン」号は先住民の名称です。

ヨーロッパ人が北米に到達したころ、大西洋沿岸には先住民の農園が広がり、トウモロコシ*やカボチャ、マメなどが栽培されていました。トウモロコシはヨーロッパを経て世界各地に伝わりましたが、現在世界一の生産国となっているのがアメリカです。

先住民には、大切なトウモロコシにまつわる民話が残されています。たとえばチェロキー族の民話では、孫息子をかわいがるおばあさんが、トウモロコシでごちそうのスープをつくります。しかし、どうやってトウモロコシを手に入れるのかは謎でした。少年が隠れて見ていると、おばあさんが身体をこするとポロポロとトウモロコシの粒が出てきました。秘密を知られたおばあさんに死が迫ります。しかしその死の前に、おばあさんは孫に栽培法を教えたのでした。そういえばトウモロコシの黄色い房毛《ふさげ》は、女性の長い髪を思わせますね。

先住民の生活や文化は博物館などで見ることができます。しかしワシントンやシカゴなどの自然史博物館では、先住民の文化を人間の歴史としてではなく、動植物類と並んで展示して問題となりました。一九九四年にニューヨークに開館した国立アメリカ・インディアン博物館は、ネイティヴ・アメリカンの声を反映させて展示・運営をおこなっています。

＊……イロコイ族はこの三つの作物が霊的な生命を持っていると信じて、「三姉妹」と呼んだ。

ワシントンの国立アメリカ・インディアン博物館東側入口（東側に入口をつくるのはインディアンの伝統である）©Raulbot

Q5 先住民と白人の友好の例として取り上げられる女性がいるのですか。

A5

ディズニーのアニメにもなったポカホンタスと、一ドル硬貨に幼子を背負った姿が刻まれているサカガウィアがよく知られています。

ポカホンタスは、ポーハタン部族連合の首長ポーハタンの娘でした。ヴァージニア植民地の指導者だったイギリス人ジョン・スミスが先住民の捕虜となったとき、身を挺《てい》して父に命乞《いのちご》いをし、彼の生命を救ったといわれます。当時彼女は一二歳くらいとみられ、真偽のほどはわかりません。のちにポカホンタスはタバコ栽培で成功したジョン・ロルフと結婚し、ロンドンを訪れ、アメリカの「王女」ともてはやされました。

しかし実際には、ポカホンタスは一六一三年に植民地側に誘拐され、人質とされていたのです。父ポーハタンには厳しい人質解放の条件が突きつけられました。ジョン・ロルフとの結婚も、植民地側の利益のためだったといわれます。一六二二年、ポーハタン族は首長ポーハタンの亡きあと武装蜂起します。ポカホンタスは一六一七年、イギリスからの帰国寸前に天然痘にかかり亡くなっていました。まだ二〇歳を少し超えたばかりでした。

フランス系カナダ人の妻だったサカガウィアは、一八〇四年、ミズーリ川を

ポカホンタスの肖像（一六一六年）

サカガウィアの肖像が刻まれた1ドル硬貨

さかのぼり太平洋に至る道を求めていたルイスとクラーク*の探検隊に、通訳として雇われました。彼女は当時まだ一六歳、生まれたばかりの子どもを背負い、探検隊の通訳・道案内として、また各地の先住民との交渉で大きな役割を果たしました。一方で、彼女の道案内はのちの白人の侵入に手を貸したことになったとして批判する先住民の声もあります。

＊……軍人のルイスとクラークは、ルイジアナを買収したジェファソン大統領から、太平洋への道を開くよう命を受けた。探検隊は一八〇四年にセントルイスを出発し、厳しい冬を乗り越えて太平洋に到達し、二年後に帰還する。地図の作成など多くの成果をあげ、アメリカが領有権を主張する根拠を提供した。

◆映画『ダンス・ウィズ・ウルブズ』(一九九〇年、監督・製作・主演ケヴィン・コスナー)南北戦争中の北軍中尉とスー族の交流、友好を、西部開拓への批判的視点から先住民文化への敬意とともに描いた。

3 植民地時代

連行されるアフリカ人

一七世紀から一八世紀にかけて、北米大陸の大西洋岸にはイギリスの一三の植民地がつくられました。オランダやスウェーデンなどの小さな植民地も、ここに吸収されました。イギリス本国からの移民は、土地の所有権を主張して先住民を打ち負かし、勢力を急速に拡大していきました。

Q1 アフリカの黒人はいつからアメリカに連れてこられたのですか。

A1 一六一九年八月、オランダ船が二〇人のアフリカ人をヴァージニアのジェームズタウンに運んできました。彼らがのちの奴隷のような終身的な奴隷なのか、期限付きの契約労働者だったのかはわかりませんが、これが北米最初の黒人奴隷の「輸入」とされています。また、この年はジェームズタウ

綿花プランテーションでの奴隷労働

ンではじめてヴァージニアの植民地議会が開かれた年でした。日本では江戸時代のはじまりにあたる時期に、奴隷制と議会制度という民主主義が、矛盾をはらみながら同時に出発したことになります。

奴隷はアフリカの黒人だけではありませんでした。入植当初は年季奉公契約*のヨーロッパからの移民が奴隷のような扱いを受け、アメリカの先住民も奴隷にされていました。コロンブスたちも金《きん》を探すだけでなく、奴隷狩りもおこない、先住民をスペインに送りました。労働力不足が深刻だったタバコ農園《プランテーション》の経営者にとって、先住民には逃亡や反抗というリスクがありました。そこで土地に不案内なアフリカ人を使うことにしたのです。奴隷制はタバコやのちには綿花など、輸出用の商品作物を生産するプランテーションとともに発達します。一七世紀末から一八世紀末にかけて、ヴァージニアからジョージアに至る地域の奴隷人口は増大しました。独立後の一七九〇年の第一回国勢調査で奴隷人口は七〇万人、そのうちの九〇パーセント以上が南部に集中していました。

奴隷貿易**をさかんにおこなったのは、イギリス人でした。植民地のおもな港町には奴隷市場が設けられ、黒人は家畜と同様の私有財産とされ、劣等人種と位置づけられました。奴隷のなかには逃亡や不服従など、日常的な反抗が多く見られました。集団逃亡から白人との戦いにまで発展した例も多く、貧しい白人の年季奉公人と手を組んだ反乱の動きも見られました。

*……白人の年季奉公人は、イギリスからの渡航費用を北米植民地の地主などから前借し、渡航後は借金返済のために地主の下で数年間拘束されて働いた。返済後は自由の身になったが、黒人奴隷より厳しい状況におかれた者もいる。

◆映画『アミスタッド』(一九九七年、監督スティーヴン・スピルバーグ) 奴隷船アミスタッド号で起きた奴隷反乱と反乱奴隷への裁判を通して、自由を求める闘いを描く。

**……アフリカ西海岸から北米植民地に至る奴隷貿易の航海は、二〇〇トンほどの船に四〇〇〜八〇〇人が押し込められる劣悪な環境のため、到着時には八人に一人が死亡していたとされる。

三〇〇年間にアフリカから連れ出された人は六〇〇〇万人、そのうちアメリカに到着した人は二〇〇〇万人ともいわれ、アフリカの経済・文化における絶大な喪失となった。

Q2 独立の一〇〇年以上も前に大学がつくられたというのは、本当ですか。

A2 本当です。アメリカ最古の大学は、一六三六年にボストンに設立されたハーヴァード大学です。三九年から使われるようになったハーヴァードの名称は、最初に蔵書と不動産を大学に遺贈したピューリタンの牧師ジョン・ハーヴァードにちなみます。一八世紀に入るとイェール大学、プリンストン大学、コロンビア大学などがつぎつぎ*と設立されました。

イギリスでは一六〇三年にジェームズ一世が即位し、イギリス国教会との結びつきを深めて、ピューリタンに対する弾圧を強化しました。そのため商人や小地主、法律家などを含むピューリタンが国を出て、アメリカに移住しました。一六三〇年から一〇年余りのあいだに、二万人以上が移民したといわれます。

彼らはボストンを中心にニューイングランド**の各地に集団で入植しました。当然その植民地社会は政教一致となり、教会が重要な位置を占めることになります。そこで本国に頼らない自前の牧師の養成が必要となり、ボストン近郊に大学がつくられたのです。また、当時の植民地社会では、高等教育***は上流階級のたしなみと考えられるような面がありました。

ハーヴァード大学は現在までにオバマ大統領など八人のアメリカ大統領と、

創立当時のハーヴァード大学（American Antiquarian Society）

＊……すべて私学である。現在でもアメリカには州立、市立の大学はあるが、国立大学（軍関係を除く）は存在しない。政府には文部科学省に相当する省庁もない。

＊＊……東部六州（コネチカット・ニューハンプシャー・ヴァーモント・マサチューセッツ・メイン・ロードアイランド）の総称。

＊＊＊……聖職者や社会のリーダーとなるための教養を得ることが目的とされた。のちに創設された州立大学は農学・工学などの実学を中心とする。

七〇人を超えるノーベル賞受賞者を出しています。

Q3 「魔女狩り」とは何のことですか。

A3 ヨーロッパでは古くから、悪魔と結んで社会に害をもたらす魔女の存在が信じられてきました。そして一四〜一七世紀にかけて、社会不安を背景に、多くの女性が魔女とされ迫害される「魔女狩り*」がおこなわれました。

「魔女狩り」はアメリカにも伝わりました。一六九二年にマサチューセッツ植民地のセイラム村（現在のセイラム市の北で、ダンバースと改名）でおこなわれた「魔女狩り」は、よく知られています。西インド諸島出身の使用人から占いを習っていた少女たちが、突然おかしな行動をするようになり、悪魔にとりつかれたと医師が判断したのです。牧師が使用人を拷問《ごうもん》し、彼女は妖術《ようじゅつ》を使ったと「自白」させられます。「誰が悪魔なのか」と尋問された少女たちは、つぎつぎと村人の名前をあげ、また少女たち以外にも告発する人が現れ、一〇〇名以上の人が投獄されました。

裁判の結果、容疑を認めなかった人も、助命運動をしたために疑いをかけられた人も含め、最終的には一九人が絞首刑となり、獄中からも死者が出ました。やがて少女たちの証言に疑問を持つ人たちが現れ、裁判は中止されました。マ

＊……ヨーロッパの魔女狩りの犠牲者数は、かつてはかなり多くあげられていた。今日では、一五〜一八世紀の魔女裁判で犠牲となった人数は、全ヨーロッパで四万人くらいと推定されている。犠牲者のなかには男性もいる。

セイラムの魔女裁判

サチューセッツ植民地議会は、二度とこのような事件が起こらないように、法律を制定しました。

　このときの判事の一人ジョン・ホーソンは、アメリカ文学を代表する作家ナサニエル・ホーソンの祖先にあたります。ホーソンはこの事件に触発され、一八五〇年に小説『緋文字《ひもんじ》』を書きました。その後アメリカで「魔女狩り」は起こっていませんが、集団的なパニックは一九二〇年代や**第二次大戦後の「赤狩り」や、二〇〇一年の九・一一事件のあとにも見られました。

Q4 植民地の政治はどのようにおこなわれていたのですか。

A4 北アメリカの一三の植民地は南北に細長く、各植民地は独立国のような存在で、成り立ちや地域性からそれぞれ大きく異なっていました。たとえばマサチューセッツやヴァージニアなどは植民会社が、ペンシルヴェニアなどは国王から任された領主が経営し、ほかの多くの植民地は国王の領地でした。

　このうち北部にはピューリタンが多く、寒冷で農業に適さないので漁業や造船業が栄え、奴隷貿易商人が巨利を得ました。農業がさかんだった南部では、大農園主が黒人奴隷を酷使《こくし》して富を築きました。そして中部は交通の便にも恵まれ、多様な宗派や民族が混ざり合う地となりました。

**……劇作家アーサー・ミラーは戯曲『るつぼ』（一九五三年初演）を発表し、セイラムの魔女裁判を題材に「赤狩り」とマッカーシズムを批判した。

このため各植民地では、それぞれ独自の代議制が発展しました。国王から任命されて本国から赴任《ふにん》する代議員が多い植民地があり、また現地の住民のなかから選ばれる代議員が多い植民地もありました。さらに、住民のあいだで直接民主制のようなタウン・ミーティングがおこなわれたところもありました。

当時イギリス本国と植民地の行き来には、片道二カ月近くかかりました。任期の期間中だけ滞在する総督や、その総督を補佐するだけの議会では現実的な対応はできません。こうして植民地住民の自治意識は高まり、本国から干渉をほとんど受けずに発展していくようになりました。しかしその政治に参加できるのは、白人の成人男性だけでした。

イギリスの一三の植民地

Q5 フレンチ・インディアン戦争とはどんな戦争だったのですか。

A5 一七五六年から、プロイセンとイギリスが同盟して、フランス、ロシア、オーストリアと戦ったヨーロッパの戦争を七年戦争といいます。フレンチ・インディアン戦争とは、この七年戦争に連動して北アメリカの植民地で展開されたイギリスとフランスの戦争のことです。

フランス人は一六〇八年にケベック砦《とりで》を建設し、その後ミシシッピ川流域にいくつもの砦をつくってその地域を支配下に置きました。砦は先住民を相手に毛皮の取引をする交易の拠点でした。ヨーロッパの寒冷な地では、毛皮は金と同じくらいの価値があったのです。このためフランス人は定住して農園を開くイギリス人とは異なり、土地の所有を求めず、先住民との関係は友好的なものだったといわれます。

植民地のイギリス人の人口は一〇〇万人を超えていましたが、フランス人は一〇万人にも達しませんでした。戦争がはじまるとイギリスもフランスも先住民を味方に引き入れたので、先住民は白人の戦いに巻きこまれ、イギリス側とフランス側に分かれて戦うことになりました。イギリスは本国から大軍を送りこみ、戦いを制していきます。人口の少なかったフランスは積極的に先住民と連合したため、イギリスはフランスと先住民の連合軍と戦うことになり、この戦争をフレンチ・インディアン戦争と呼びました。イギリスは勝利し、一七六三年のパリ条約で、フランスからミシシッピ川以東の土地を手に入れ、領土は二倍にふえました。これは本来の所有権を持つ先住民を無視した決定でした。勝利したイギリスは巨額の負債をかかえ、その返済のための政策がアメリカ独立戦争の導火線となりました。

七年戦争後のヨーロッパ諸国の勢力圏（参考／『ヒストリカルガイドアメリカ』（有賀貞、山川出版社）

出典）Richard Hofstadter, et al, The *United States*, Prentice-Hall, 1957, pp. 48, 68 などにより作成。

4 アメリカ独立革命

独立宣言への署名

一三植民地の住民は団結してイギリス本国と戦い、独立を獲得しました。一三のコロニーはそれぞれ独立して、一三のステートとなったのです。それは国王による政治を否定する革命でもありました。アメリカは、当時世界では数少ない共和国のひとつとなります。「ユナイテッド・ステーツ・オブ・アメリカ」、それがこの国の名前でした。

Q1 ボストン茶会事件とは、「紅茶を飲む会」で起きた事件ですか。

A1 一七七三年に起きたこの事件は、「Boston Tea Party」と呼ばれます。その由来は、ボストンでティーパーティ（茶会）が開かれたからではありません。「パーティ」という英語には、「集まり、宴会」のほかに、「政党、一団」という意味があります。

この事件を描いた絵を見ると、ボストン港に東インド会社の船が二隻停泊《せき》し、船上では頭に羽根をつけた先住民たちが積荷の茶箱を海に投げこみ、岸では見物人が喝采《かっさい》を送っています。しかし、これは先住民の扮装をした植民地の人びとが、夜起こした事件でした。

イギリスは七年戦争でフランスに勝利しましたが、莫大《ばくだい》な戦費を費やして大きな負債をかかえていました。そこで植民地につぎつぎと課税し、税収を増やそうとしました。植民地のイギリス人たちは、「代表なくして課税なし」*と主張し、本国製品の不買運動をおこなって抵抗しました。

一七七三年の茶法は、東インド会社**にアメリカでの茶の独占販売権を与える法律です。植民地側は安く茶を手に入れられるようになりましたが、東インド会社が茶の取引を独占することに、強く反発しました。イギリス本国の議会が、植民地の意見も聞かずに勝手に法を定めていることを問題としたのです。

またフレンチ・インディアン戦争後、イギリスはフランスからミシシッピ川東岸の広大な土地を譲渡されましたが、本国は先住民との対立を避けるため、国王宣言線を設定して、住民がアパラチア山脈を越えて西進することを禁止していました。戦争に協力した植民地の地主や土地投機業者、自営農民はこれに強い不満を持ち西への移住を進めたため、先住民との対立が生まれていました。

こうしたときに、植民地の住民が先住民に扮装して、東インド会社の船を襲

*……イギリス本国に次々と課税されるにも関わらず、植民地には本国議会に代表を送り法案を審議する権利がないことを不当とする考え。

**……一六〇〇年設立。イギリス政府からアジア貿易の独占権や植民地経営を認められた。

ボストン茶会事件
一八四六年に描かれた版画。二〇〇周年を記念して、一九七三年に発行された切手では、群衆のいない夜のシーンとなっている。

撃したのです。事件後激怒した本国は、自治の制限、反抗を監視する軍隊の駐屯、その費用の負担など厳しい制裁措置をとりました。植民地側は翌一七七四年、各植民地の代表がペンシルヴェニア植民地のフィラデルフィア***に集まり、第****一回大陸会議を開いて本国に抗議することを決めました。

Q2 独立宣言には削除された部分があるのですか。

A2 一七七五年四月、独立戦争*がはじまり、五月にフィラデルフィアで第二回大陸会議が開かれました。ジョージ・ワシントンが大陸軍の総司令官に選ばれ、トマス・ジェファソンを委員長とする独立宣言書の起草委員会がつくられました。ジェファソンは当時三三歳の弁護士で、ヴァージニア植民地の代議員でした。

ジェファソンは宣言案を起草し、イギリス国王が植民地の人々に対しておこなってきた悪政を、列挙して非難しました。彼はワシントンと同様に黒人奴隷を所有する農園主の一人でしたが、そのなかに国王は奴隷制を植民地に導入した、という非難も書き入れました。しかしこの部分は、奴隷制を必要とする南部や、奴隷貿易をおこなっている北部の商人のため、宣言から削除されました。

宣言のなかの「自由」「幸福を追求する権利」などの言葉は、イギリスの名

ボストン茶会事件の切手（一九七三年）

***……一六八二年、クエーカー教徒のウィリアム・ペンが仲間と建設した。ペンが命名した名称は古ギリシア語で「兄弟愛の町」を意味する。一八世紀北アメリカの最大の都市ともなった。

****……一七七四年九月、一二の植民地の代表が、フィラデルフィアに集まった。先住民との抗争でイギリスの援助を求めていたジョージアはこの時不参加だった。大陸会議の議長はプレジデントと呼ばれ、アメリカ大統領の職名ともなった。

*……星条旗は、ワシントンら大陸会議の代表が、室内装飾品製造業を営んでいたベッツィー・ロスに依頼して縫い上げられたとされる。しかし確かな証拠はなく、実際には誰が、いつ、どこで、製作したのかははっきりしない。

誉革命のときに、ジョン・ロック*が書いた文章からとられたものです。つまりアメリカの独立は、単に植民地の独立にとどまらず、新しい時代を切りひらく革命でもありました。

しかし、宣言では「すべての人は平等**」といいながらも、そこに黒人や先住民、女性は含まれていませんでした。先住民は、宣言のなかでは「野蛮人」と書かれています。

自由を求める黒人が植民地軍への参加を申し出ると、当初ワシントンは拒否しました。のちに約五〇〇〇人が植民地軍に参加しましたが、イギリス側についた黒人もかなりいました。独立後、北部諸州では奴隷制が徐々に廃止されていきました。

*……（一六三二～一七〇四年）イギリスの哲学者。『市民政府二論』で権力の不当な行使に対する市民の抵抗権（革命権）を主張し、名誉革命に理論的根拠を与えた。

**……原文は "all men are created equal"

Q3 どうしてイギリスは敗北することになったのですか。

A3 当時世界最強のイギリス軍に勝利することは、大変なことでした。植民地軍は一三植民地からの寄せ集めの軍隊で、ワシントンが総司令官となった当初、植民地軍*は一万二〇〇〇人、銃や毛布も満足にはありませんでした。一七七七年九月、独立アメリカの首都フィラデルフィアが、イギリス軍に占

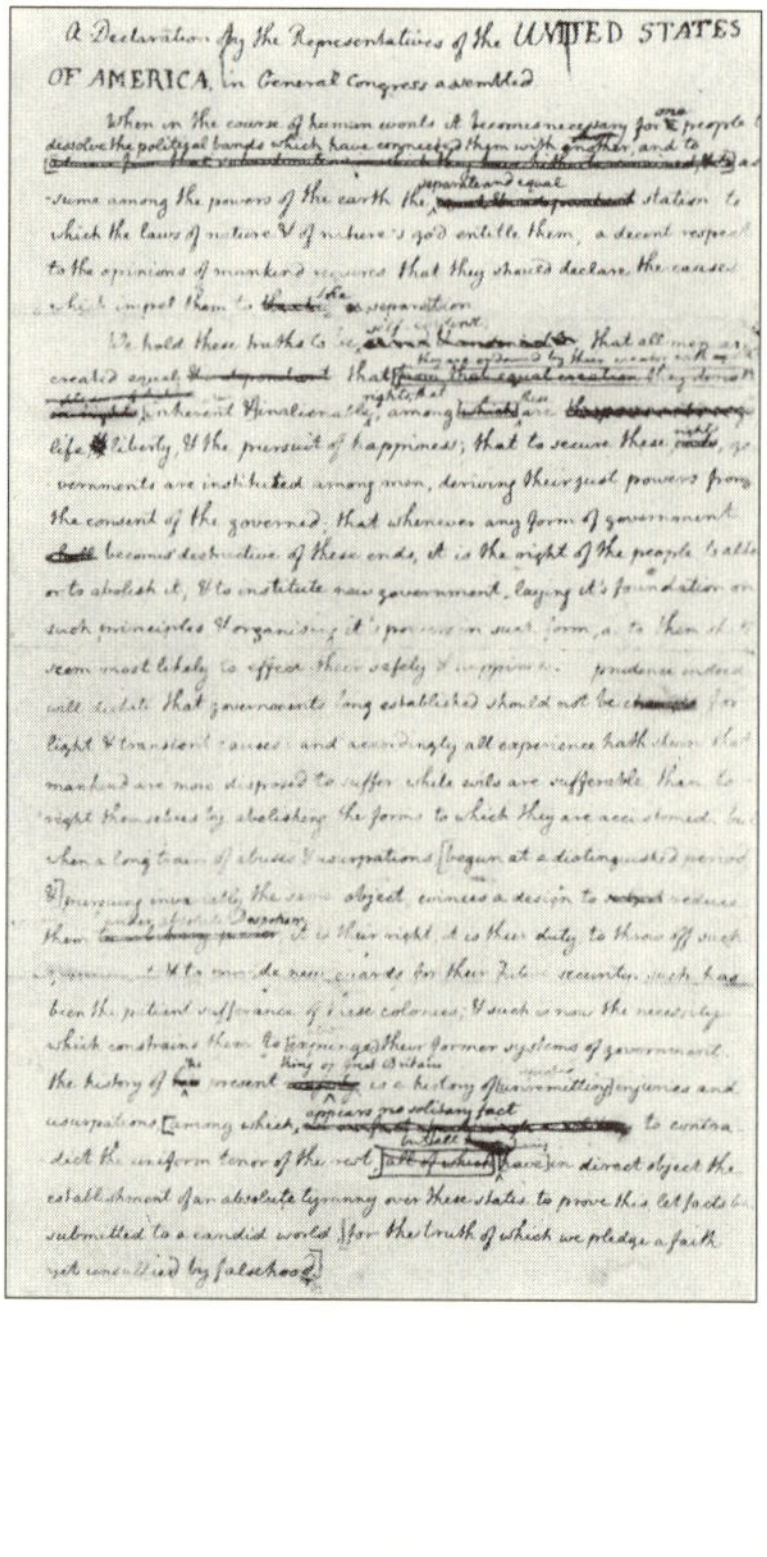
A Declaration by the Representatives of the UNITED STATES OF AMERICA, in General Congress assembled

ジェファソンが書いた独立宣言文オリジナル草稿 (Library of Congress)

*……当時の兵士は民兵で「ミニットマン」（一分間兵）と呼ばれる即席の兵だった。

領されました。急行したワシントンの軍は、ペンシルヴェニアのヴァレー・フォージで六カ月間も野営することになりました。厳寒のなかで多くの兵士の命が失われましたが、この試練が兵士を鍛えることになったといわれます。植民地側は何度も敗れ、後退をつづけます。しかしワシントンは決定的な敗北を避けて兵力を温存し、地の利を生かした戦いを展開しました。

一方、イギリスのジョージ三世は兵の募集に苦労し、ドイツからの傭兵《ようへい》三万をアメリカに送りこみました。独立をめざす植民地軍と雇《やと》われ兵では、士気のちがいは明らかです。

また、ベンジャミン・フランクリン**の巧みな外交手腕によって七八年に米仏同盟が結ばれ、フランスが植民地側で参戦すると、スペインもイギリスに宣戦しました。義勇兵として参加したポーランド人のコシューシコは、ワシントンの副官として活躍し、帰国後はポーランド独立運動の闘士となりました。フランスのラファイエット侯爵も義勇兵として参戦し、のちのフランス革命では絶対王政に反対して戦いました。

Q4 ジョージ・ワシントンはどんな人でしたか。

デラウェア川を渡るワシントン
一七七六年のイギリス軍急襲。この絵には歴史的な不正確さも指摘される。

**……（一七〇六～九〇年）アメリカ建国の父の一人とされる政治家・科学者。まず印刷業で成功し、新聞の発行人となって言論界にも大きな影響力を持った。ヨーロッパ諸国をまわり、独立の支持を獲得した辣腕の外交官で、憲法草案作成者のひとりである。稲妻が放電現象であることも証明した。勤勉、自助を説く処世訓や自伝は広く知られ、個人主義的なアメリカ人の典型とされる。

A4

ワシントン*は、独立革命軍である植民地軍の総司令官、初代の大統領として、アメリカで絶大な人気があります。彼は黒人奴隷を所有するヴァージニアの大農園主の息子として生まれ、父の死後農園を経営する一方、民兵軍の少佐となり、民兵の訓練などもおこなっていました。

二六歳のときに大農園を所有する女性と結婚し、南部有数の大農園の経営者となりました。ワシントンは本国イギリスに誇りを持つ一方で、軍人や大地主としては植民地人が不利であることを痛感していました。とくに土地の投機にも関わっていた地主としては、フレンチ・インディアン戦争後の植民地人の西部進出を制限する本国の政策に、強い不満を持っていたようです。

独立戦争勝利後、ワシントンに国王になることを進言した部下がいましたが、彼は拒否しました。また三期目の大統領選出馬を拒否し、大統領職は二期までという慣習をつくりました。ワシントンは先住民に対して一貫して強硬策をとりました。彼は部下に先住民の村落の破壊だけでなく、絶滅を指示しています。彼**は先住民に敵意を持ち、絶滅をめざして領土の拡大に力を注いだ人物でもありました。

Q5 独立戦争は先住民に何をもたらしましたか。

*……最も発行数の多い一ドル札には、彼の肖像が描かれている。

イロコイの村をおそうワシントンの軍隊

**……ワシントンは「姿こそ違えど、インディアンは狼と同様の猛獣である」と語っている。

A5 独立戦争には、先住民に対する白人の征服戦争という面もありました。白人同士の戦争ですが、先住民はいやおうなく戦争に巻きこまれ、土地を奪われました。

戦争では植民地側もイギリス側も、競って先住民を味方に引きこもうとしました。大西洋岸で大きな勢力を持っていたイロコイ連合*は、四部族がイギリス側に、二部族が独立側について分裂してしまいました。植民地人と対立していた先住民は、イギリス側についたのです。分裂したイロコイの村は、焦土戦術をとるワシントンの軍隊に、つぎつぎに攻撃されました。イロコイ連合は長年植民地人の侵入を阻止してきましたが、ついに消滅してしまいます。

独立戦争は一七八三年のパリ条約で終結とされます。しかし先住民の戦いは終わりませんでした。植民地側との戦いはつづき、軍事的には先住民が優位に立っていました。独立戦争後、ミシシッピ川支流のオハイオ川流域の先住民はマイアミ族を中心に連合して抵抗し、ワシントンが派遣した軍隊を破りました。しかし徹底した焦土作戦に苦しめられ、先住民は一七九五年にグリーンヴィル条約を結ばされます。これにより広大な土地がアメリカに譲渡されることになり、白人の西部進出には歯止めがなくなりました。

*……連合はモホーク族、オナイダ族、オノンダーガ族、カユーガ族、セネカ族、タスカローラ族で構成される。
　連合は、イギリス人の北米入植時点ですでに連邦制度を導入し、連合の意思決定は大会議で徹底的に議論し、どうしてもまとまらない場合には多数決による決定がおこなわれた。ジェファソンやフランクリンはこれらの点を熟知しており、国家の枠組みをつくる際に参考にしたともいわれる。
　合衆国憲法施行二〇〇周年にあたる一九八八年、連邦議会は上下両院でイロコイ連合に対する感謝決議をあげた。

◆映画『パトリオット』（二〇〇〇年、監督ローランド・エメリッヒ）主演メル・ギブソン。独立戦争でのサウスカロライナ植民地の戦いを描く。

5 西部開拓の時代

一九世紀はアメリカが西部に領土を拡大した時代です。西部開拓のなかで培《つちか》われた自由で進取、不屈の開拓者精神は、ヨーロッパとは異なるアメリカ人独特の気質を形成し、アメリカ民主主義の発展に大きな役割を果たしました。

しかしその発展は先住民を虐《しいた》げ、その土地を奪っていくことでもありました。

トーマス・ジェファソン
（第３代大統領）

Q1 アメリカはどのようにして領土を拡大したのですか。

A1 今アメリカ本土の領土は、東の大西洋岸から西の太平洋岸にまで広がっています。しかし独立したときの領土は、大西洋岸の一三州と独立戦争でイギリスから譲られたミシシッピ川東岸の地域だけでした。その他の土地は買収や戦争で手に入れたものです。

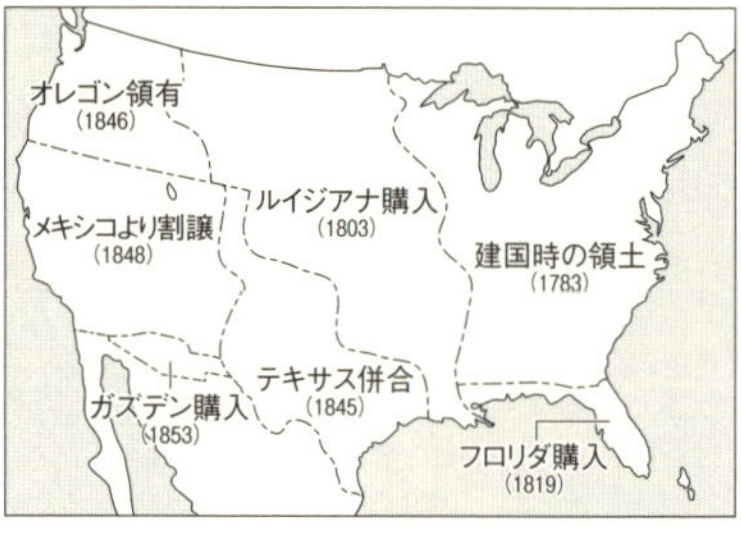

領土の拡大（一七八三〜一八五三年）

アメリカの領土が一挙に二倍に拡大したのは、一八〇三年、第三代ジェファソン大統領がフランスからルイジアナを買収したときでした。売り主はあのナポレオン。フランスは一八〇〇年に、スペインからミシシッピ川西岸の広大なルイジアナを手に入れました。ここで、ハイチ*（フランス領サン・ドマング）のサトウキビ農園《プランテーション》で働く黒人奴隷の食料を確保しようとしたのです。しかしハイチでは奴隷が反乱を起こし、本国フランスとの独立戦争が激しく戦われていました。

ジェファソンはこの機をとらえ、モンロー（のちの第五代大統領）をパリに派遣しました。ヨーロッパを制覇しようとするナポレオンには、戦争のために多くの資金が必要です。アメリカは一五〇〇万ドルで広大なルイジアナを購入することに成功しました。破格の安値でした。そしてつぎにアメリカが目をつけたのは、メキシコ領となっていたテキサスでした。

Q2 文字を使う先住民がいたのですか。

A2 アメリカ西海岸の山には、高さが一〇〇メートル近くにもなる世界有数の高木セコイアが自生しています。この名称はチェロキー文字を発明したチェロキー族のセクウォイア（セコイア）に由来します。彼はチェロキーの

＊……カリブ海のフランスの植民地サン・ドマングは、一八〇四年、史上初の黒人共和国ハイチとして独立した。独立運動の指導者トゥサン・ルヴェルチュールは捕えられ、フランスで獄死した。ハイチの独立は南北アメリカの黒人など、多くの人びとに希望と勇気を与えた。一方独立したハイチからは多くのフランス系移民がアメリカに流入した。

セクウォイヤとチェロキー文字

女性と白人との混血で、一八二一年ごろ、一〇年以上をかけチェロキー語のアルファベットを完成させたとされています。先住民にはそれまで絵文字はありましたが、筆記のための文字はありませんでした。音節を表すチェロキー文字は八五個、日本語のひらがなとカタカナの合計に近い数です。こうしてチェロキーはチェロキー語で文章や手紙を書けるようになりました。彼らは学校や議会、裁判所を設置し、英語とチェロキー語で成文化された憲法を制定し、一八二八年にはジョン・ロスがチェロキー族の初代大統領に選出されました。

この年第七代アメリカ大統領に選ばれたのがジャクソンで、はじめての西部（現テネシー州）出身の大統領でした。彼は「ジャクソニアン・デモクラシー」*と呼ばれる民主的政策をおこないましたが、他方では一八三〇年にインディアン強制移住法を制定しました。これは豊かな東南部に住んでいた先住民を、ミシシッピ川以西の地に強制移住させる法律です。先住民は軍に囲まれ監視されながら、力ずくで西へと追い立てられました。ジャクソンはイギリス**や先住民との戦いで名をあげた軍人で、黒人奴隷を使う農園主でもありました。

一八三八年、チェロキー族もアパラチア南部から荒涼としたオクラホマまで、約一三〇〇キロを移動させられることになりました。寒い冬に歩かされ、到着したときには一万数千人のうち約四分の一が亡くなっていました。毛布や食料、衣服も十分になかったのです。彼らの通った道は「涙の道」と呼ばれます。

チェロキー族の強制移動（「涙の道」）

*……ジャクソン政権の時代は各州で白人男性普通選挙権が普及するなど、政治経済的な民主化が進んだといわれる。しかし南部の利益を優先し、弱者の人権を配慮しなかった政治は、必ずしも「民主主義」という言葉で表現できるものではない。

**……一八一二〜一四年のアメリカ・イギリス（米英）戦争。第二次独立戦争とも呼ばれる。

Q3 「明白な天命（マニフェスト・デスティニー）」とは何のことですか。

A3 テキサス州とカリフォルニア州は、かつてはメキシコの領土でした。メキシコ政府はテキサスへのアメリカ人の移住を認めていましたが、移住者が増大したため禁止策をとりました。これに対して一八三六年、アメリカ政府の援助を得た移住者たちが、メキシコ政府に反乱を起こしました。

アラモ砦《とりで》は反乱軍のアメリカ人約二〇〇人が立てこもった砦です。彼らは数千のメキシコ軍に包囲され、壮絶な戦いの末全滅しました。反乱軍は以後「アラモを忘れるな《リメンバー・ジ・アラモ》」というスローガンを掲げて戦い、「テキサス共和国」を樹立しました。アメリカ政府はただちにこの「国」を承認し、一八四五年にはメキシコ政府の反対を押しきって併合し、テキサス州としました。現在アラモ砦の跡は「独立」のために戦った愛国心のシンボルとなり、巡礼者が訪れる聖地のようになっています。

メキシコはおさまりません。翌一八四六年、テキサス州とメキシコの国境線をめぐってアメリカ・メキシコ戦争がはじまりました。戦いはアメリカ側の圧勝で終わり、アメリカは現在のカリフォルニア、ネヴァダ、アリゾナ、ユタ、ニューメキシコ、コロラドの諸州にあたる広大な地域をも手に入れました。

アラモ砦の戦い (Library of Congress)

このころ主張されたのが「明白な天命（マニフェスト・デスティニー）」*で、アメリカの領土拡大はキリスト教徒で文明人の白人が神から与えられた使命である、という考えです。この思想はアメリカの領土拡大やそれにともなう先住民の虐殺を正当化し、その後のハワイ併合や、海外でのアメリカの戦争を支持する考えともなりました。

*……この言葉はニューヨークのジャーナリストのジョン・オサリヴァンが、テキサス併合の正当性を主張して一八四五年に最初に使ったとされる。

Q4 ゴールド・ラッシュは何をもたらしましたか。

A4 一八四八年一月二四日、カリフォルニアのアメリカン川近くで、水路の底に砂金が発見されました。発見者は農園経営者のジョン・サッターのもとで働いていたジェームズ・マーシャルでした。知らせを受けたサッターは秘密にしようとしましたが、無理でした。

アメリカン川には人びとが殺到します。その数は三カ月後には四〇〇〇人、四八年の暮れには約一万人に達し、「ゴールド・ラッシュ」となりました。サッターの土地は押しかけた人びとに不法に占拠され、サッターは損害賠償を州や政府に訴えましたが無駄でした。発見者のマーシャルも恵まれず、鍛冶屋《かじや》などをして細々と暮らして亡くなりました。

フォーティ・ナイナーズ（「四九年者」）（Peter E.Palmquist Collection）

ゴールド・ラッシュが本格化するのは翌一八四九年で、殺到した人びとは「フォーティ・ナイナーズ（「四九年者《もの》」）」と呼ばれます。東部のボストンやニューヨークなどの港はカリフォルニアへ向かう人びとでごったがえし、徒歩や幌《ほろ》馬車で大陸を横断する人たちもいました。ゴールド・ラッシュ以前のカリフォルニアの人口は約一万四〇〇〇人でしたが、三年のうちに人口は二〇万人を超え、カリフォルニアは一八五〇年に三一番目の州に昇格して大発展していきます。一方先住民の人口は、病気や殺戮《さつりく》などによって激減しました。

ゴールド・ラッシュは新しい事業も生み出しました。採鉱の仕事には丈夫な衣服が必要です。ドイツ移民のリーヴァイ・ストラウスは、荷馬車の幌《ほろ》やテントに使う丈夫なキャンバス布で作業用パンツをつくり、販売しました。これがジーンズ*のはじまりです。

Q5 大陸横断鉄道は中国人が建設した、というのは本当ですか。

A5 アメリカ大陸横断鉄道*は南北戦争中に建設が進み、一八六九年に開通しました。西部開拓に加え、戦争のための人や物資の移動に必要だったのです。政府は広大な公有地の無償払い下げ、巨額資金の低利貸し付け、鉄道債の購入など鉄道会社にさまざまな優遇措置をとりました。鉄道は先住民の土地

＊……中世イタリアのジェノヴァで使われた丈夫な綿布の労働服がイギリスやフランスに伝わって「ジャニュア」と呼ばれ、これが「ジーンズ」となったといわれる。インディゴ（藍）を使って青く染め、作業ズボンとして普及した。労働者階級を「ブルーカラー」と呼ぶのはこれに由来する。

＊……リンカン政権の下、一八六二年に、大陸横断鉄道の建設を進める太平洋鉄道法が制定された。建設は東からはユニオン・パシフィック鉄道がネブラスカ州のオマハから西へ向かい、セントラル・パシフィック鉄道がカリフォルニア州サクラメントから東へ向けて進め、接続された。鉄道は軍隊の移動を迅速かつ容易にし、軍事行動のあり方を変えた。

や開拓民が開いた土地に入りこみ、沿線の土地を取りあげ、法に守られた鉄道会社は強引な手法で暴利をあげ、辺境の人びとの怒りと憎しみを買いました。

　鉄道建設には大量の労働者が必要です。そこで安い労働力として目をつけられたのが、中国人でした。だまされたり、誘拐されたりした中国人が、黒人奴隷貿易と変わらない状態で、中国（清）から苦力《クーリー》と呼ばれる労働者として送りこまれました。アメリカ西海岸に到着した中国人は、鉄道建設現場のほか鉱山でも働きました。西部の大自然のもと、シエラネヴァダの雪山でも、中国人労働者は線路脇の小さなテントで生活し、危険で困難な重労働に日の出から日没まで従事しました。最盛期にはその数は一万三〇〇〇人にも達したそうです。しかし低賃金でよく働き、アメリカ人とは風俗、習慣の異なる中国人が増加すると、中国人に対する排斥《はいせき》や暴力事件が起こるようになりました。

　一八八五年九月、ワイオミング準州（→六三ページ）のロックスプリングスで、白人によって中国人炭鉱夫数十人が殺され、多数が負傷するという事件が起こりました。労働争議《ストライキ》のなか、会社がスト破り**の要員として中国人を雇ったからでした。容疑者は逮捕されましたが、全員が釈放されました。やがて中国人移民を締め出す法律が成立し、中国人はほとんどいなくなりました。代わって鉄道工事などの低賃金労働者として現れたのが、日本人移民労働者でした。鉄道工事には、アイルランド人やモルモン教徒も従事しました。

大陸横断鉄道開通記念式典（一八六九年）
二台の機関車が向かいあい、東西の鉄道が連結した。

**……ストライキで欠けた労働力を補うために、会社が調達する労働者のこと。ストライキの効果を無にするため、ストライキ中の労働者から憎しみをかった。

6 南北戦争

エイブラハム・リンカン
(1863 年頃)

南北戦争と聞くと、リンカンや奴隷解放宣言を思い出します。マーガレット・ミッチェルの小説で、映画にもなった『風と共に去りぬ』も有名です。しかしリンカンは、「奴隷制がしかれている州の奴隷制に干渉する意図はない」と大統領就任演説で述べました。それではこの戦争の原因は何だったのでしょう。

Q1 奴隷州、自由州とは何ですか。

A1 一九世紀半ばのゴールド・ラッシュのころ、アメリカは独立時の一三州から三〇州に増えていました。このうち奴隷制を法で認める州を奴隷州、認めない州を自由州と言い、それぞれ一五で同数でした。一八五〇年にカリフォルニアが自由州として州に昇格したときは、両勢力のバランスが崩れると南部が反発しましたが、逃亡奴隷取締法を強化することで合意しました。

北部では工業が発達し、資本家たちが支持する共和党は、新しく成立する州が奴隷制を認めることに反対していました。すでにある奴隷州の奴隷制に反対したのではありません。経済発展を望む彼らには、大量の安価な労働力が必要でした。リンカンもこの立場です。

一方南部の農園主たちは、大規模農業（おもに綿花栽培）に多くの奴隷の労働力を必要とし、農園《プランテーション》を西部に広げるうえでも奴隷州の拡大を望んでいました。これは一見奴隷制をめぐる対立に見えますが、政治・経済における北部と南部の主導権争いで、北部の立場は人道的な理由からの奴隷制反対ではありませんでした。

そして一八五四年のカンザス・ネブラスカ法では、奴隷制については将来それぞれの準州（↓六三ページ）の住民投票で決めることになり、対立はより深刻なものになりました。このときカンザス準州で奴隷制拡大派と闘って名をあげたのが、ジョン・ブラウンです。

一八五九年、*ジョン・ブラウンは三人の息子を含む仲間二〇人と、南部ヴァージニア州のハーパーズ・フェリーにある連邦軍の武器庫を襲撃して占領しました。これを機に奴隷たちの蜂起を期待してのことでした。しかし蜂起は起こらずブラウンらは降伏、ヴァージニア州の裁判によって死刑となりました。

*……白人の彼が奴隷制反対のために立ち上がったことは、南部の白人を驚かせた。

奴隷州と自治州（南北戦争勃発時）

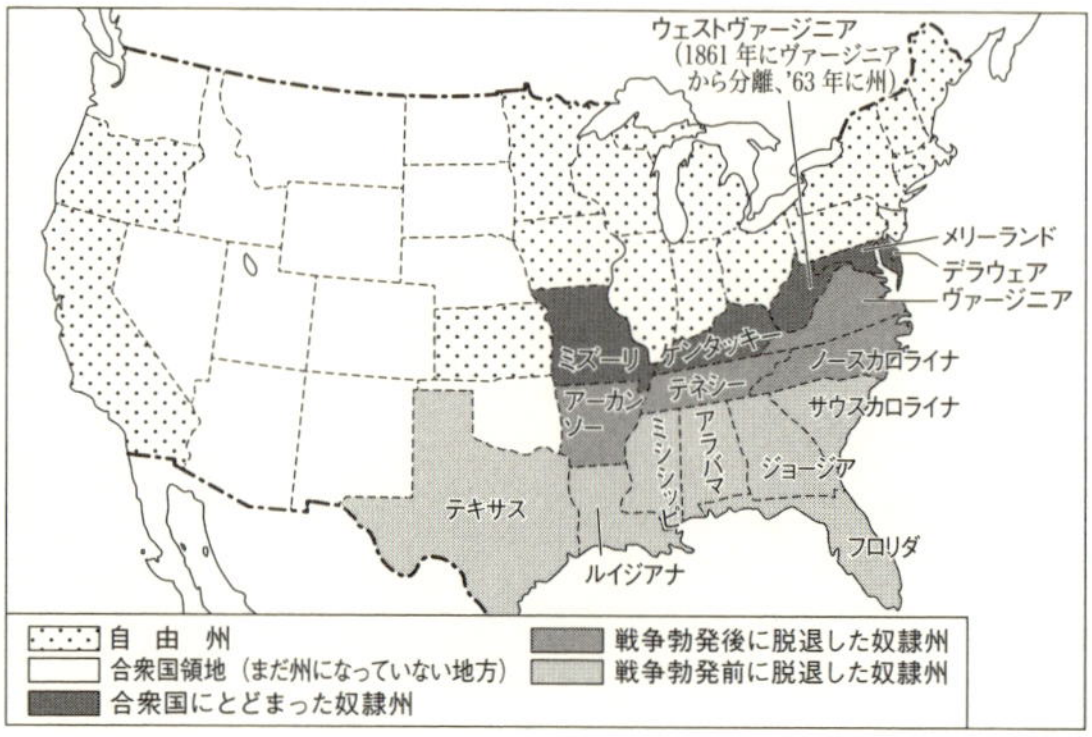

このブラウンの死は北部の新聞や雑誌で取り上げられ、彼の死**を歌詞にした歌は南北戦争中の北軍兵士の行進歌となりました。

Q2 「地下鉄道」とはどんな鉄道ですか。

A2 奴隷の抵抗のなかで最も多かったのが逃亡です。「地下鉄道」とは逃亡奴隷を助け、衣食などを与えて奴隷制度のない北部やカナダへ逃亡させる非合法の組織です。中心となったのは、白人の奴隷制廃止主義者やクエーカー教徒などでした。

　奴隷に自由な行動は許されません。南部で黒人がひとりで歩いていれば、一目で逃亡奴隷だととがめられました。彼らは昼は隠れ潜み、夜になると北極星を頼りに北をめざして急ぎました。地下鉄道の「駅」とは逃亡奴隷の宿泊所の意で、彼らを案内する「車掌」は「駅員」と巧みに連絡をとりながら、安全な輸送をめざしました。

　優秀な「車掌」の一人にハリエット・タブマンがいます。彼女は一八四九年に逃亡しましたが、その後二〇回近く南部に入って三〇〇人以上の逃亡を手助けしました。そのため彼女には四万ドルの懸賞金がかけられました。みずからの自由だけに満足せず、生命の危険もかえりみず奴隷解放に献身した彼女は、

**……もともとあった讃美歌のメロディに、「ジョン・ブラウンの体は墓の中で朽ち果てていくけれども、その魂は止むことなく行進を続ける」という歌詞がつけられた。曲は今「リパブリック賛歌」として知られる。昔は楽曲が少なく、ひとつのメロディに複数の歌詞がつけられた。

ハリエット・タブマン

ハリエット・ストウ

「女モーセ」*と呼ばれています。「地下鉄道」によって救出された奴隷は、一八三〇年からの三〇年間におよそ六万人といわれます。

タブマンは南北戦争では北軍のために働き、奴隷解放のあとも黒人と女性の権利のために活躍しました。彼女はリンカンを批判し、「奴隷の完全な解放なくして、真の連邦の統一はありえない」と考えていました。晩年は身寄りのない元奴隷や戦死した黒人兵の遺族への支援をつづけました。『アンクル・トムの小屋』の作者ハリエット・ストウ**も、地下鉄道に参加したひとりでした。

Q3 南北戦争の戦死者は第二次世界大戦の戦死者より多い、というのは本当ですか。

A3 南北戦争は一八六一年四月、「アメリカ連合国」*軍によるサウスカロライナ州にあった連邦軍のサムター要塞《ようさい》攻撃ではじまりました。北部の人口や工業力は南部にはるかに勝り、北部の人びとは戦争は短期間で終わるとみていました。

しかし、戦いは先手を打った南軍側に有利でした。南軍はみずからの立場を守るという点で士気が高く、南部人の日常的な馬の使用も兵士の質につながったといわれます。一方、北軍**は都市生活者や農民、移民などの寄せ集めの兵士でした。南部の農園主の子弟には陸軍士官学校を出て軍人になっていた者が多

*……古代エジプトの時代にヘブライ人をエジプトから脱出させた伝説的預言者。

**……（一八一一～一八九六年）北部では黒人奴隷の実態は伝聞に基づくものが多く、『アンクル・トムの小屋』に描かれた奴隷の生々しい現実は、多くの人びとを憤激させた。このため『アンクル・トムの小屋』は北部の人びとを立ち上がらせ、南北戦争のきっかけをつくった一冊の本とされる。戦争中、小柄なストウと面会したリンカン大統領は、「あなたですか。南北戦争を始めた小さな女性は」と言ったという。しかし白人に従順な哀れな奴隷として描かれたトムの人物像は、後に黒人たちから批判をうけた。「アンクル・トム」は白人に従う黒人に対する蔑称ともなっている。

◆映画『それでも夜は明ける』（二〇一三年、監督S・マックイーン）誘拐され奴隷として売られた自由黒人の体験実話。

*……一八六一年二月、連邦を離脱した七州がアラバマ州モントゴメリーでアメリカ連合国を結成。奴隷制を認める憲法を採択し、ジェファソン・デヴィスを大統領に選んだ。さらに四州が加わり一一州となったため、連邦は二三州に減った。

**……開戦当初は連邦も連合国も志願兵制だったが、一八六三年に連邦徴兵法が成立し、連邦権限が強化された。富裕者は金で代理人を雇って兵役を逃れ、コネで兵役を軽くする者もいたと指摘されるが、兵士の多くは志願兵だった。

◆映画『風と共に去りぬ』（一九三九年）ベストセラーとなったマーガレット・ミッチェル原作の映画化。空前の大ヒットとなった。

く、彼らが南部に戻り指揮官となって戦い、北軍を悩ませました。リー将軍はリンカンが北軍の司令官に招こうとした軍人ですが、彼もヴァージニア出身の南部人であることから、南軍の司令官となる道を選びました。

この戦争ではガドリング砲、手榴弾《しゅりゅうだん》、地雷や水雷、鋼鉄艦や潜水艦などの新兵器が登場し、工業力に勝る北部が戦いを有利に進めるようになりました。六五年四月、南軍は降伏します。南北戦争はアメリカ人同士がアメリカ国内で戦った内戦でした。四年間に大きな戦闘は約五〇回に及び、参戦者は三〇〇万人を超え、戦死者は南北合わせて約六二万人となりました。第一次世界大戦の米軍の死者は約一二万人、第二次世界大戦では三二万人です。

Q4 リンカンは戦争に勝利して、奴隷解放宣言を出したのですか。

A4 違います。戦争が開始されると、奴隷解放論者は南部の奴隷を解放するようにと迫りましたが、リンカンは応じませんでした。また、奴隷解放運動の指導者である自由黒人のフレデリック・ダグラス*が、募兵に応じた自由黒人による黒人連隊の結成を要求しましたが、認めませんでした。リンカンは奴隷州**の拡大には反対するものの、連邦がふたつの国に分裂さえしなければ、奴隷制は廃止でも存続でもかまわないと考えていたのです。

南北戦争が勃発したサムター要塞の戦い

*……（一八一八～九五年）逃亡して自由黒人となり、週刊紙『北極星』を発刊して奴隷制廃止を主張した。「地下鉄道」にも参加し、南北戦争後も社会的活動を続けた。

**……奴隷州であるデラウェア州やメリーランド州などの四州は連邦に残っていた。南軍の軍旗の星の数が13あるのは、この四州のうちミズーリ州とケンタッキー州を含めているため。

戦局が苦しいなか、北部の奴隷解放論者はこの戦争で奴隷制の廃止をと訴えます。南部では奴隷の逃亡や反乱が続発していました。開戦から一年以上たった一八六二年九月二二日、リンカンは奴隷解放予備宣言を公布します。アメリカ連合国を結成して連邦を離脱した南部の反乱諸州が、翌年一月一日までに連邦に復帰しなければ、反乱諸州の奴隷を永遠に解放するというものです。当然復帰はなく、六三年一月一日、奴隷解放宣言として発効しました。しかし奴隷解放は反乱諸州内だけでした。

この政策転換によって、北部の戦争の目的は連邦の維持・分裂の阻止だけでなく、奴隷解放という人道的な大義が加わりました。白人将校の指揮による黒人連隊***もついに結成されました。綿花の輸出で南部と親密な関係にあったイギリスも、奴隷解放宣言のもとでは南部を支援できなくなりました。六五年四月九日、南軍のリー将軍が降伏し、戦争は終わります。その直後の一四日、リンカンはワシントンの劇場で狙撃されました。五六歳、アメリカ史上初の大統領暗殺でした。

Q5 南北戦争後、アメリカはどうなりましたか。

フレデリック・ダグラス

南軍陸軍旗

***……連邦軍に参加した黒人は、最終的には陸軍約一九万人、海軍三万人、軍役労務二五万人。

◆映画『グローリー』（一九八九年、監督エドワード・ズウィック） 南北戦争における実在した黒人部隊の誕生とその戦いを描く。

A5

一八六五年、南部の降伏により連邦の分裂は避けられ、憲法修正によって奴隷制は廃止されました。六八年には黒人に市民権が与えられ、人権と財産権が保障されます。黒人たちの市民権を要求するデモが、都市で起きていたのです。七〇年には憲法修正第一五条が成立し、黒人[*]男性に参政権が認められます。議会と政府を支配したい共和党と北部の支持者たちは、南部の黒人票を必要としたのでした。

参政権を獲得した黒人は政治に参加し、連邦議会の上院に二名、下院には一〇名以上の黒人議員が南部から選出され、州議会議員も誕生しました。こうした状況を南部の支配層は「黒人の支配」と批判し、恐怖を煽《あお》って白人大衆の支持を得ようとしました。白人による黒人への暴力事件が増加するなか、クー[**]・クラックス・クラン（KKK）のような非合法の暴力組織が生まれました。

黒人は自由の身となっても、財産も学問もありませんでした。仕方なく地主の小作人（シェア・クロッパー）となった黒人の生活は、奴隷時代とあまり変わりません。七七年に北軍が南部占領を終え撤退すると、黒人たちは参政権などの権利を奪われていきました。一方、南北戦争後アメリカでは工業化が急速に進み、一九世紀の末にはイギリスを抜いて世界一の工業国となりました。大都市にはデパートが開店し、全国的なチェーンストアも生まれました。そしてUSスティールやスタンダード石油のような大企業が出現します。

＊……アメリカの女性は黒人・白人を問わず、一九二〇年まで参政権はなかった。

投票する黒人（Library of Congress）

＊＊……一八六五年にテネシー州で結成された、黒人などに暴力を振るう秘密結社。白いガウンと三角頭巾で正体を隠し、黒人を恐れさせた。一八七〇年代に取り締まりが強化され、自然消滅状態になったが、二〇世紀に入り再建。白人優越主義の主張が白人貧困層の支持を集めた。現在でも活動は続いている。

◆映画『国民の創生』（一九一四年、監督D・W・グリフィス）南北戦争前後を描く歴史大作。映画史上に残る作品だが、人種差別的な内容が問題視された。

7 アメリカと幕末・明治の日本

中浜万次郎

アメリカと日本の関係は江戸時代の終わりから、といっても一八五三年のペリー来航が最初ではありません。鎖国下の日本には、ロシアやイギリスが早くから接近していましたが、開国はアメリカによってなされました。当時のアメリカは西へ西へと人びとが押し寄せる、西部開拓の時代でした。

Q1 江戸時代にアメリカに行った日本人がいるというのは本当ですか。

A1 江戸時代には幕府の厳しい海外渡航制限があり、日本人の海外渡航は不可能でした。しかし、わずかに外国を訪れた人たちがいます。暴風雨にあって異国の地に流れ着いたり、外国船に救助されたりした漁師や輸送船の船乗りたちでした。

一八四一年、土佐出身の万次郎《まんじろう》は一四歳のときに漁民四人とともに近海へ漁に出たおり、暴風にあい、無人島の鳥島に漂着します。半年後、彼らはアメリカの捕鯨船に救い出されました。船はマサチューセッツ州の港に帰り、万次郎の賢さに注目した船長は、彼を地元の小学校に通わせます。彼はさらに航海術なども学び、捕鯨船の乗組員となりました。カリフォルニアでゴールド・ラッシュが起こると万次郎もかけつけ、帰国のための資金をつくります。

一八五〇年、万次郎はハワイに寄港し、そこに滞在していた仲間二人とともに上海行きの船に乗りました。翌年の二月、三人は琉球の海岸に上陸します。漂流からすでに一〇年がたっていました。三人は鹿児島に送られ、長崎でも取り調べられ、故郷の土佐に帰れたのは帰国から一年後のことでした。

その後、万次郎は土佐藩から中浜《なかはま》の姓を与えられて武士身分となり、ペリー艦隊が来航すると幕府に召《め》し出されました。一八六〇年には遣米使節に随行した咸臨丸《かんりんまる》に、通訳として乗船します。明治時代になってからは、開成学校の教授を務めたりしました。万次郎以外にもアメリカ船に救助された人は何人もいて、はじめてアメリカ市民権を取得した*浜田彦蔵《はまだひこぞう》もよく知られています。

浜田彦蔵

*……一三歳の彦蔵は江戸に向かう途中、紀伊半島沖で遭難・漂流し、一八五二年にアメリカ船によって救出された。その後サンフランシスコに渡り、日本人として初めてアメリカ市民権を取得して帰国。通訳や貿易を行い、日本で最初の新聞を出したとされる。洗礼名ジョセフ・ヒコ。

Q2 アメリカはなぜペリーを日本に派遣したのですか。

A2 ペリー*の日本遠征から一〇年以上前の一八四〇年、イギリスはアヘン戦争を起こして勝利し、中国に不平等条約を押しつけました。アメリカもイギリスと同じような条約を結び、中国との貿易を開始します。当時アメリカから中国へ行くには、大西洋を南下して南米の先端を回って太平洋に入るか、あるいは南アフリカの南端を回ってインド洋を経ていくという長い航海が必要でした。ペリーも南アフリカ回りで、一年以上の長い航海を経て琉球の那覇を経て浦賀へやってきたのです。

一八四八年、アメリカ・メキシコ戦争に勝利したアメリカはカリフォルニアを獲得。幸運にもそこで金が発見され、ゴールド・ラッシュが起きて西海岸の開発が進みます。そして新たにサンフランシスコ―上海という、中国への太平洋航路が浮上しました。

また、当時アメリカの捕鯨業が太平洋で全盛期を迎えていました。ハワイ王国の島々を基地に、数百隻《せき》の捕鯨船が北太平洋で年間数千頭のクジラを捕獲していたのです。捕鯨の目的は灯りのための鯨油《げいゆ》で、昼夜の別なく工場を操業させたいアメリカに必要なものでした。しかし、当時の捕鯨業は漂流の危険と隣り合わせでした。これらのことから北太平洋蒸気船航路の開設と、薪炭《しんたん》飲料水の供給地をかねた寄港地が必要となっていたのです。

ペリーが来航した一八五三年、イギリスとフランスはオスマン帝国の領土を

＊……アメリカの正式な日本への開国・通商の要求は、一八四六年のアメリカ東インド艦隊司令官ビッドルが最初である。軍艦二隻で浦賀に来航したが、幕府は鎖国の国法を示して拒絶した。ペリーはこの経験をもとに来日した。

ペリー

めぐり、ロシアとのあいだでクリミア戦争を開始しました。また中国では太平《たいへい》天国《てんごく》の乱、インドでは大反乱が起こり、アジアでのイギリスの関心はもっぱら民族反乱の鎮圧《ちんあつ》に向けられました。こうしたイギリスのすきに乗じて、アメリカが日本を開国させることになったのです。

Q3 明治政府が送った使節団は、アメリカで何をしたのですか。

A3 一八七二（明治五）年一月、明治政府が派遣した米欧遣外使節団*が乗る四五〇〇トンの外輪蒸気船アメリカ号が、サンフランシスコに到着しました。一行は留学生も含め総勢一〇七人、大使の岩倉具視《いわくらともみ》をはじめ木戸孝允《きどたかよし》、大久保利通《おおくぼとしみち》、伊藤博文《いとうひろぶみ》ら明治政府の首脳たちが多数含まれています。廃藩置県《はいはんちけん》後まもない重要な時期に、政府首脳の大半が外国に旅立ったのです。使節団派遣の目的の第一は、幕末に結ばれた不平等条約の改定交渉で、第二が欧米文化の実地見学でした。

使節団一行はサンフランシスコで大歓迎を受けます。そしてアメリカ大陸を開通間もない鉄道で横断し、二月二九日にワシントンに到着しました。当時のアメリカは南北戦争の痛手から立ち直り新しい発展期に入ったときで、大統領は南北戦争で活躍したグラント将軍でした。一行は約八カ月アメリカに滞在し、

＊……一年一〇カ月の間にアメリカ・イギリス・フランス・ベルギー・オランダ・ドイツ・ロシア・デンマーク・スウェーデン・イタリア・オーストリア・スイスの一二カ国を訪れた。帰途はスエズ運河を通り、アジア各地のヨーロッパの植民地を経由し、帰国した。

次の目的地ヨーロッパへと向かいました。

長期の滞在になったのは、条約交渉が難航したからでした。ワシントンでの条約改定交渉は歓迎とは別物で、思うようには進みませんでした。しかし、この間一行はフィラデルフィアやニューヨーク、ボストンなどを回り、はかり知れないアメリカの文物を吸収しました。

同行した留学生のうち五人は、六歳から一四歳までの女子でした。彼女たちはアメリカの外交官夫人の指導でアメリカ生活を送ることになります。最年少の津田梅子《つだうめこ》は一八八二年に帰国し、のちに女子英学塾（現在の津田塾大学）を創立しました。

女子留学生
右から二人目が津田梅子

Q4 大森の貝塚を発見したモースはどんな人ですか。

A4 マサチューセッツ州ボストンのボストン美術館*は、日本の優れた仏画、絵巻物、浮世絵、刀剣などを多数所蔵し、日本との関係が深いことで知られています。二〇世紀のはじめには岡倉天心《おかくらてんしん》が在職し、敷地内には彼の名を冠した日本庭園「天心園」が設けられています。

このボストン美術館と近くのセイラムにあるピーボディー・エセックス博物館にはさまざまな日本の品々があり、モース・コレクションと呼ばれています。

*……一九九九年、姉妹館として名古屋ボストン美術館が開館した。

**……明治の初め、欧米の技術・学問の導入のため、工場や学校などに雇われた外国人。イギリス人やドイツ人が多く、総数は三〇〇〇人以上といわれる。日本の近代化に重要な役割りをはたした。

これらは三度にわたって日本を訪れたエドワード・モースが、日本の庶民の暮らしや心情に魅せられ、アメリカに持ち帰ったものです。モースはピーボディー・エセックス博物館の館長も務めました。

メイン州ポートランド出身のモースは動物学者で、一八七七年にはじめて標本採集のために来日し、請《こ》われて東京大学に「**お雇い外国人」の教授として務めることになりました。彼は日本にはじめてダーウィンの進化論を体系的に紹介し、専門の外国人教師の来日に尽力し、東大図書館の基礎づくりなどにも努めました。東京の大森貝塚の発見もよく知られています。

モースは大学での講義や研究の合間をぬって、日本各地を訪れ民芸品や陶磁器を多数収集したほか、多数のスケッチを書き残しました。私たちは今日、それらをモース・コレクションとして見ることができます。

Q5 なぜ日本人がアメリカに移民したのですか。

A5 一九世紀の終わりから、サトウキビ農園《プランテーション》の労働者として、多くの貧しい日本人がハワイへ移民するようになりました。一八八二年にアメリカで中国人の移民を制限する法律が成立すると、日本人はよりよい収入を求め遠くアメリカ本土にも渡るようになりました。

エドワード・モース

エドワード・モース著『明治のこころ』（青幻社）

◆映画『ラスト・サムライ』（二〇〇三年、監督エドワード・ズウィック）先住民討伐の過去に苦しむ元北軍大尉が、明治初期の日本を訪れ、武士道に出会う。主演トム・クルーズ。

中国人労働者に代わり、西部の鉄道工事現場や鉱山で日本人移民が働くようになったのです。また、カリフォルニア州のオレンジなどの農園でも、安い賃金で日の出から日没まで働きました。しかしよく働く日本人移民は、その後中国人と同じように白人から排斥《はいせき》されるようになり、カリフォルニアの新聞には「カリフォルニア州は日本人労働者に占拠される」とまで書かれるようになりました。

一九〇八年、アメリカ政府は日本人の移民制限を開始し、移民の入国を家族の呼び寄せだけに制限しました。そこで兄弟、親戚のほかに、日本人の妻を欲しい移民のもとへ、お見合いの写真だけを頼りに嫁ぐ女性の渡航がはじまりました。この女性たちはピクチャー・ブライド（写真花嫁）と呼ばれ、その多くは、貧しい小作人の娘でした。ハワイに渡った女性だけでも、その数は数万人といわれます。カリフォルニアなどでは日本人の土地購入や借地も制限されるようになりました。

第一次世界大戦後の一九二四年、排外主義の高まりの中で排日移民法が成立し、以後日本人*の移民は全面的に禁止されました。ヨーロッパ系の移民は「制限」されただけだったのに対し、中国人と日本人は「禁止」されたのです。ロサンゼルスの下町にある「リトル・トーキョー」は、定住を決めた日本人が集住するアメリカ最大の日本人街になりました。

サトウキビ畑で働く日本人移民（ハワイ、マウイ島）

＊……一九世紀末から二〇世紀前半までにハワイに渡った日本人の総計は、約二二万人。ハワイ併合直後の一九〇〇年の段階ではハワイに約六万人、アメリカ本土には約二万四千人が在住していた。その後本土への移民が増加し、一九〇六年には本土に約一〇万人が在住していた。

◆映画『ピクチャー・ブライド』（一九九四年、監督カヨ・マタノ・ハッタ）一九一八年、見合い写真だけをたよりに、ハワイに渡った女性を主人公に日系移民群像を描く。

8 発展するアメリカ

闘うアパッチ族（右端ジェロニモ）

南北戦争後の一九世紀後半、大量の移民を背景にアメリカ経済は大発展します。独占企業が生まれ、労働者を低賃金で長時間働かせ、巨大な利益をあげました。労働者は団結して組合をつくり、賃金と労働条件の改善を求める運動を展開します。都市が発展し生活は便利になりますが、都市の片隅には貧しい労働者のスラム街も生まれました。

Q1 白人と先住民の戦いはいつまでつづいたのですか。

A1 南北戦争中の一八六四年一一月二九日、コロラド準州*のサンド・クリークで、陸軍騎兵部隊が野営していたシャイアン族とアラパホ族のキャンプを襲撃《しゅうげき》しました。犠牲者の大半は女性と子どもで、無差別の虐殺《ぎゃくさつ》がおこなわれました。

＊……英語ではterritory、直訳すると「領土」となる。アメリカが新たに獲得した領土で、成年男性人口が五〇〇〇人を越えた地域を準州とした。総人口が六万人を超え、連邦議会の承認を得ると州となり、連邦議会議員の選出によって国政に参加できる。

戦後も先住民と白人との戦いはつづきます。大半が先住民の敗北に終わるのですが、唯一の例外が一八七六年にモンタナ準州で起こったリトル・ビッグホーンの戦いです。南北戦争で戦功をあげ、戦後は先住民との戦いに従事していたカスター将軍率いる第七騎兵隊の主力が、スー族のシッティング・ブル率いる大軍に全滅させられたのです。これ以降先住民に対してはより強硬な政策がとられ、カスター将軍は悲劇的な英雄として美化されました。

一八八六年には一五年にわたり果敢な抵抗をつづけてきたアパッチ族のジェロニモが、五〇〇〇名の陸軍に包囲されて降伏します。先住民の組織的な抵抗は、このジェロニモの降伏で終わったとされています。しかし、虐殺は終わりませんでした。九〇年一二月、サウスダコタ州のウーンデッド・ニーの保留地で、スー族の無抵抗な女性・子どもを含む約三〇〇人が殺されました。白人側はこの虐殺を「ウーンデッド・ニーの戦い」と呼び、実行した第七騎兵隊には勲章が授与されました。この一八九〇年におこなわれた国勢調査報告書で、政府は「フロンティアの消滅」**を宣言しました。

このあと政府は武力による制圧をひかえ、同化政策に転換します。保留地に先住民を囲い込み、彼らの生活や習慣を捨てて白人に同化するよう、キリスト教や英語などを強制したのです。こうして一九二四年、先住民に対しアメリカの市民権が与えられたのでした。

◆映画『ソルジャー・ブルー』(一九七〇年、監督ラルフ・ネルソン) サンド・クリークの虐殺を告発し、当時としては画期的な先住民像を描いた作品。ヴェトナム戦争での米軍による虐殺が重なって見える。

ウーンデッド・ニーの埋葬

**……「西部における開拓地と未開拓地の境界」の消滅、すなわち開拓の完了。

シッティング・ブル(スー族)

Q2 旧移民《オールド・カマー》と新移民《ニュー・カマー》はどう違うのですか。

A2 一三の植民地をつくった人びとは、ほとんどがイギリスからの移民でした。彼らはWASP《ワスプ》*と呼ばれ、アメリカの政治・経済・社会などあらゆる面で主導権を握ることになります。独立後はアイルランドやドイツからの移民が増加します。彼らは貧困や迫害から逃れ、アメリカに希望を託してきたのです。産業革命で仕事を失った職人や、革命運動で弾圧された人などもいました。彼らはワスプからは差別されますが、ドイツ人は多くがプロテスタントだったため、やがてワスプと同列に見られるようになり、ドイツ系移民は白人のなかで最多となります。一方、アイルランド人は多くがカトリックのため、厳しい敵意と差別に直面しました。

ヨーロッパからの移民は二〇世紀初頭にピークを迎えます。移民の出身国はポーランド、ロシア、イタリア、ギリシアなど東欧、南欧の国々が多くなり、アイルランド・ドイツなどの旧移民に対し、新移民と呼ばれます。彼らの多くはカトリックやギリシア正教、ユダヤ教などを信仰していました。また西海岸には、中国や日本からの移民**が増加します。一九〇〇年からの一〇年間に八一五万人の移民があり、新旧移民の数は逆転していきます。

*……「ホワイト（White）・アングロ-サクソン（Anglo-Saxon）・プロテスタント（Protestant）」を略した語で、白人でアングロ・サクソン（イギリス系）、宗教はプロテスタントの人びとを指す。主に東海岸ニューイングランドの出身者。現在はさまざまな意味で「ワスプの衰退」が指摘される。

**……一八八二年に人種を理由とする初めての移民法がつくられ、中国人が対象とされた。一九二四年の移民法では、ヨーロッパ移民に関して出身国別の割り当て人数が設定され、アジア系の移民は入国禁止となった。

しかし、移民が手に入れられる土地はすでになくなり、仕事も容易に見つかりません。偏見と差別のなか、彼らは集団で寄り添い、都市の片隅で暮らすようになりました。ニューヨークなどの下町には「リトル・イタリー」や「ポーランド人街」などが生まれ、狭いアパートに数家族で暮らし、安宿で雑魚寝をして仕事に行くという生活をつづけました。仕事を求めるアメリカへの移民は現在もつづいており、また密入国する人も絶えません。

Q3 カーネギーとロックフェラーは何をした人ですか。

A3 カーネギーはスコットランドからの貧しい移民の子でした。一八五三年、一八歳のときにペンシルヴェニア鉄道に入り、まもなくはじまった南北戦争で鉄鋼の重要性を知ります。そして戦後、イギリスの新しい製鋼法を導入した製鉄工場を設立しました。

ペンシルヴェニア州は石炭が豊富なため、いくつもの製鉄会社がありました。カーネギーは徹底したコストの削減、賃金の抑制、最新技術の導入などによって財をなし、その財力で同業者を吸収合併、炭鉱や鉄道会社なども買収して、「鉄鋼王」と呼ばれる大富豪にのし上がりました。晩年*は多くの公共施設を寄贈しています。

◆映画『遥かなる大地へ』（一九九二年、監督ロン・ハワード） 貧しいアイルランド移民の青年が農地を求めて入植、一九世紀末のランドラッシュ（土地争奪競争）を描く。

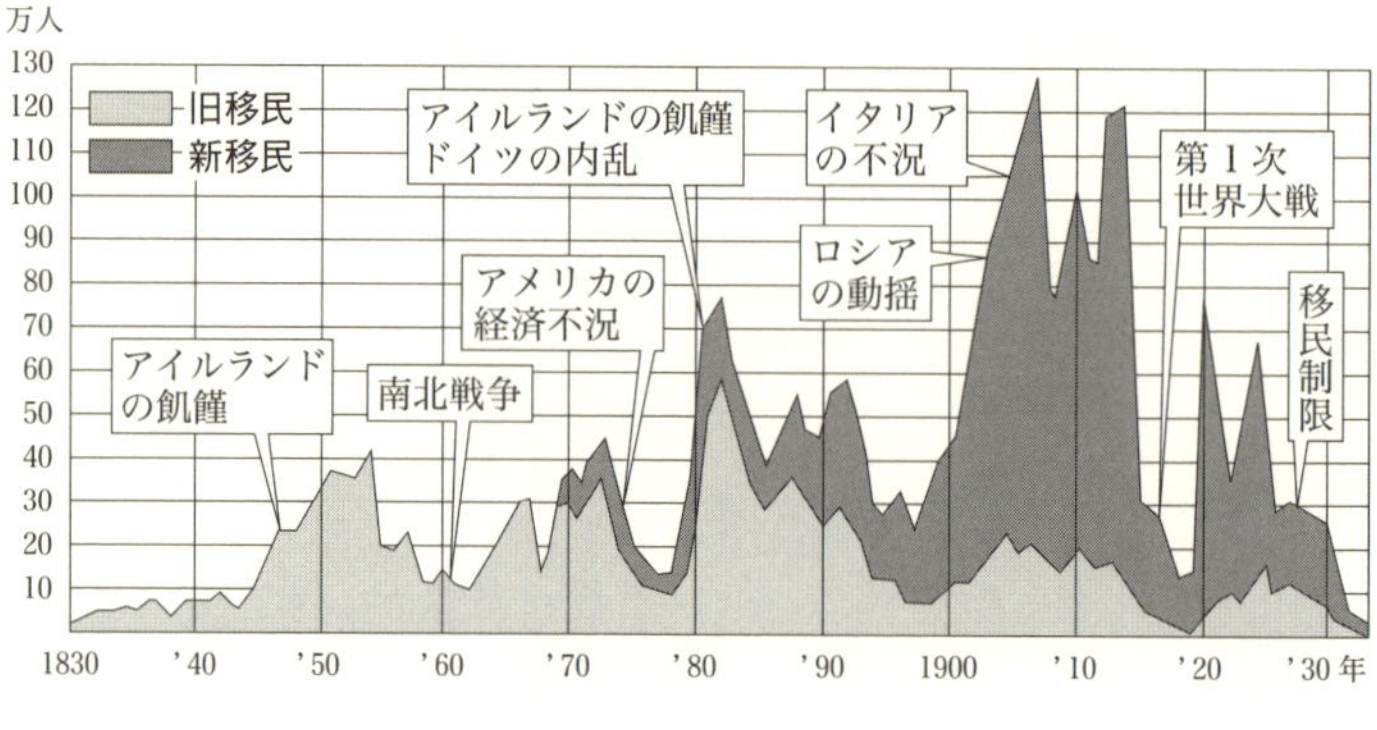

年代別移民入国者数（参考／『物語アメリカの歴史』猿谷要、中央公論社）

一方、ロックフェラーは一八三九年に貧しい薬の行商人の子として生まれ、石油の重要性に着目して、苦労してためた資金で南北戦争中に石油精製所を設立しました。そして、一〇年足らずのあいだに全米の石油精製事業の九割を支配するようになりました。買収や脅迫など強引なやり方は多くの批判を受け、恨《うら》みを買ったりもしました。このロックフェラーも教会や慈善団体への寄付を継続し、ロックフェラー財団を設立します。これにはあまりにも膨大になった財産の相続税対策という一面もありました。

当時のアメリカでは、強い者が勝ち残り、富める者と貧しい者が生まれるのは当然とする考えが広まっていました。強引なやり方で同業者を蹴落《けお》とし、労働者を搾取《さくしゅ》して利益をあげるなどした大金持ちは、「泥棒貴族」と呼ばれました。政府は彼らに法制や税制上の便宜《べんぎ》を与え、一方で労働運動を取り締まっていったのです。

Q4 エディソンが一〇〇〇件以上も発明をしたというのは本当ですか。

A4 「発明王」エディソンは、蓄音機、白熱電球、活動写真などさまざまなものを発明したといわれます。しかしその多くはすでに発明されていたり、研究していた人がいたものでした。たとえば、すでに発明されていた白熱

＊……カーネギーは著作『富の福音』で、富を獲得した者は社会に役立てるようにその富を使わなければならないと説いた。実際に彼は財団を設立し、約三〇〇の図書館を各地に寄付、他の資本家にも影響を与えた。

カーネギー（一八七八年頃）

ロックフェラー（一八八五年）

電球を長時間使えるようし、実用化したのがエディソンです。映画（活動写真）の発明も、先にフランスのリュミエール兄弟がいました。

エディソンの発明はつねに商品化を念頭においておこなわれ、彼は電力供給の事業にも関わります。彼が設立したエディソン・ゼネラル・エレクトリック会社は、現在世界的な大企業であるゼネラル・エレクトリック社の前身となりました。一九世紀末のこの時代には、エディソンだけでなくベルが電話を発明し、のちにアメリカン・テレフォン・アンド・テレグラフ社という巨大企業に成長するベル電話会社を設立するなどしました。発明の特許は巨大な富につながり、そこに投資家たちが群がりました。

一方、エディソンは自分が採用した直流送電にこだわり、交流送電の優位性を認めませんでした。彼は「交流は危険」と宣伝したり、死刑に使う電気椅子に交流を採用するよう働きかけ、交流のイメージダウンをはかったりしました。発明家たちは特許をめぐって争い、エディソンはつねに訴訟をかかえていたため「訴訟王」とも呼ばれます。エディソンが八四歳で亡くなるまでに取得した特許数は、たしかに一〇〇〇件を超えています。

エディソンと蓄音機（一八七八年）

Q5 メーデーとは何のことですか。

A5

五月一日はメーデーと呼ばれ、世界各地で労働者が統一して権利の要求と国際連帯を訴える日となっています。そのはじまりは、一八八六年五月一日に全米で三四万人が参加しておこなわれたデモとストライキです。

アメリカで資本の独占が進んだ時代、巨万の富を得る者がいる一方で、労働者は低賃金と劣悪な労働条件のもとに置かれていました。労働運動がさかんになりストライキが頻発《ひんぱつ》します。会社側は移民労働者を「ストライキ破り」として雇って備え、出動した軍隊がデモに発砲するなど、労使の対立は深刻なものとなりました。五月一日の全国的なデモは、一日一四時間労働がめずらしくなかった時代に、「八時間は仕事のために、八時間は休息のために、残りの八時間は、好きなことのために」という要求を掲げました。

五月四日、シカゴ市内のヘイマーケット広場で、一日のストライキに参加した労働者が警官に殺されたことに対する抗議集会が開かれました。監視の警官が集会の解散を命じたとき、会場に爆発物が投げこまれ、双方に多数の死傷者が出ました。爆弾を投げこんだ犯人は特定されず、容疑者のうち四名が確たる証拠もないのに死刑になりました。

その後一八八九年にパリで開かれた第二インターナショナル*の大会は、五月一日を世界中の労働者が連帯して行動する日と決定しました。アメリカで再び八時間労働制を要求するストライキがおこなわれる前年のことでした。

ニューヨークでのメーデー（二〇世紀初め頃）

＊……欧米の社会主義政党や労働組織の代表によって結成された国際組織。

9 列強への道

沈没したメイン号

建国から約百年後、アメリカの領土はついに太平洋岸にまで広がりました。もはや国内に「未開の地」はありません。アメリカは新たなフロンティアを求め、二〇世紀を目前にして、世界帝国への第一歩を踏み出しました。

Q1 アメリカはいつから植民地を持つようになったのですか。

A1 植民地を持つきっかけはアメリカ・スペイン（米西）戦争でした。この戦争は一九世紀末キューバのスペインからの独立戦争に、アメリカが介入したことがはじまりです。先住民の制圧をほぼ終えた軍はつぎの任務を求め、財界はキューバの砂糖業への進出をめざしてスペインと戦おうと考えました。

一八九八年二月一五日、キューバのハバナ港に停泊していたアメリカ海軍の戦艦メイン号が爆発、沈没し、乗員二六六名が亡くなりました。爆発の原因は不明でしたが、アメリカの新聞はスペインによるものと主張し、「メイン号を忘れるな《リメンバー・ザ・メイン》」というスローガンで米国民を煽《あお》り、スペインとの戦争が始まりました。

スペインの植民地のキューバやフィリピンが戦場となり、米軍はプエルトリコやグアムにも上陸します。スペイン軍はわずか三カ月で敗退し、パリ条約が結ばれました。この結果、アメリカはフィリピン、グアムおよびプエルトリコを獲得しました。

キューバは独立したもののアメリカの保護国とされ、事実上アメリカの支配下に置かれました。植民地となったフィリピンでは独立戦争が起こり、アメリカは一二万の大軍を送りこみました。苦戦の末に平定できたのは、ようやく一九〇二年のことでした。フィリピン人の犠牲は二〇万人ともいわれます。こうしたなか、アメリカではキューバやフィリピンでの帝国主義路線に*反対する人びとの運動が生まれました。大西洋岸から太平洋岸まで西進して領土を拡大した動きは、さらにカリブ海へ、太平洋へと続きました。

膨張するアメリカ（年代はアメリカ領に編入された年）

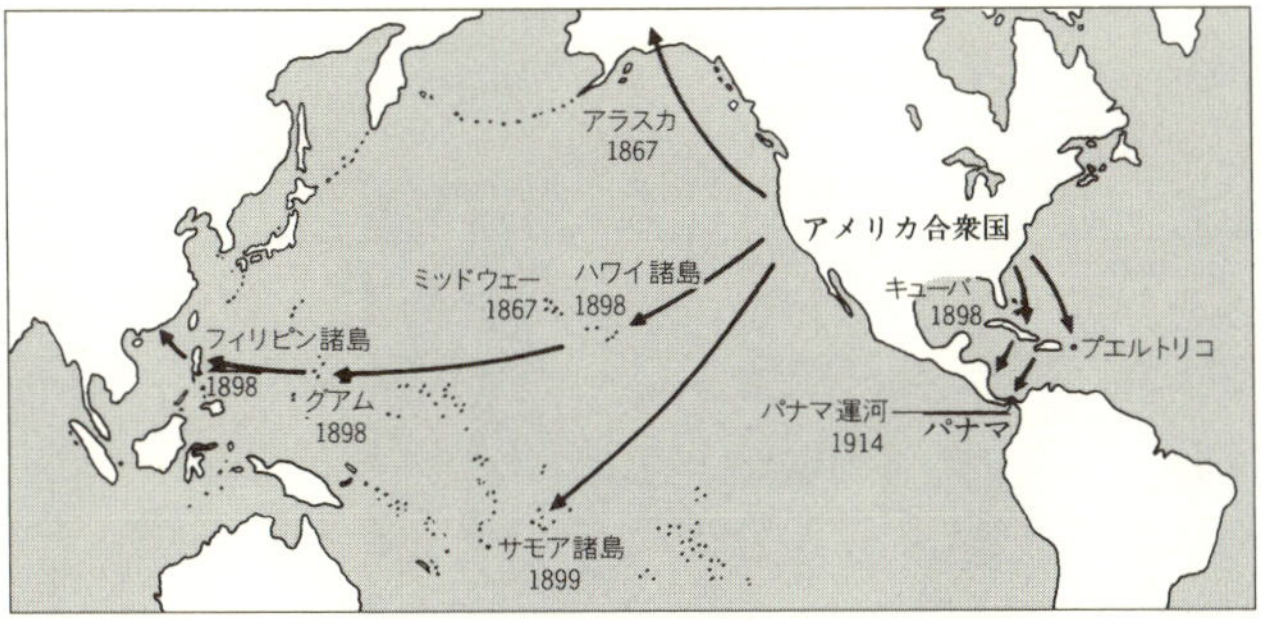

＊……『トム・ソーヤーの冒険』などで有名なマーク・トウェイン（一八三五〜一九一〇）は、鋭い社会批判の目を持ち、晩年になってキューバやフィリピンでのアメリカの武力干渉を批判した。

Q2 ハワイはいつからアメリカのものになったのですか。

A2

一七九五年、カメハメハ一世がハワイ諸島を統一し、ハワイ王国が成立しました。その後のハワイでは、サトウキビ農園《プランテーション》などを経営するアメリカ人が政治、経済を支配するようになりました。彼らは利益の拡大を求め、アメリカへの併合を望むようになります。一八七五年のアメリカ・ハワイ互恵条約以降、砂糖には関税がかからなくなり、ハワイの製糖業者に有利になると同時に、アメリカへの依存が強まっていました。

一八九一年に兄カラカウア王の死後即位したリリウオカラニ女王は、「ハワイ人のハワイ」を取り戻そうと白人勢力に対抗します。これに対し白人勢力は一八九三年、クーデタを起こしました。アメリカ海軍もこれを公然と支持します。暫定政府を樹立した白人勢力は、さっそく併合を求めました。しかしアメリカ大統領クリーブランドはクーデタの不当性を非難し、併合を拒否します。翌九四年、白人たちは女王を廃位し、ハワイ共和国を誕生させました。リリウオカラニは王政復古と併合反対を訴えつづけます。

一八九八年、米西戦争が起こりフィリピンが戦場となると、アメリカ本土とアジアを結ぶ中継地となるハワイの戦略的価値が注目されるようになりました。

リリウオカラニ女王

ハワイ・オアフ島にあるカメハメハ一世像

戦争のさなか、マッキンレー大統領のもとでハワイは併合され、アメリカ領となったのです。一九〇〇年には準州となり、第二次世界大戦後の五九年に、五〇番目の州となりました。一〇〇年後の一九九三年、アメリカ上院は王国転覆への謝罪を決議し、クリントン大統領はアメリカ政府が転覆に関与したこと、ハワイ人の意思を確認せずに併合を強行したことを公式に認めました。

Q3 セオドア・ローズヴェルト大統領は どうして人気があったのですか。

A3 サウスダコタ州のラシュモア山*の岩壁には、四人の大統領の巨大な胸像が刻まれ観光地となっています。ワシントン、ジェファソン、リンカン、セオドア・ローズヴェルト**です。なぜここにローズヴェルトが入っているのでしょうか。

ローズヴェルトは二〇世紀初頭アメリカが海外に勢力を伸ばし、世界帝国への道を歩みだしたときの共和党の大統領です。彼は米西戦争ではみずから「荒馬乗り部隊」を結成して参加し、名をとどろかせました。大統領となってからは、中南米諸国を軍事力で威圧する「棍棒《こんぼう》外交」を展開し、また日露戦争の講和を斡旋《あっせん》してノーベル平和賞を受賞しています。ローズヴェルトは日本の朝鮮支配や満州侵略を黙認していました。

*……ラシュモア山周辺は、古くから先住民の聖地とされ、ゴールド・ラッシュの時代には白人と先住民との抗争が繰り返された。政府は条約で一帯を先住民の土地と認めたが、それを一方的に破棄し、没収した。

**……セオドア・ローズヴェルトは狩猟が趣味で、よくクマ狩りをした。ある時子グマを逃がしたところ、新聞で美談としてとりあげられた。これを知ったニューヨークのおもちゃ屋が、子グマのぬいぐるみを「テディ（セオドアの愛称）・ベア」と名づけて売り出し、大ヒットした。

国内では大企業を政府の統制下におき、労働者の権利を守る政策をとります。一九〇六年、二七歳のシンクレアが小説『ザ・ジャングル』で、彼が働いたシカゴのソーセージ工場の衛生面や不正の実態を暴露し大反響を呼ぶと、ローズヴェルトは著者をホワイトハウスに呼び、ただちに精肉業界を規制する純正食品法などを成立させました。ローズヴェルトによる大企業を規制し、消費者の要望にそう法律の制定などの政策は、真の革新とはいいがたいのですが「革新主義」と呼ばれます。

二〇世紀の初頭には大企業が支配する社会の矛盾や、それにともなう政治の腐敗が[***]人びとの不満や怒りを呼んでいました。そうしたなかでセオドア・ローズヴェルトは海外に支配力を広げ、大企業に対する規制を打ち出し、労働組合の発展を奨励し、自然保護に取り組んだ大統領として人気を集めました。

Q4 なぜアメリカは第一次世界大戦に参戦したのですか。

A4 一九一四年、第一次世界大戦が始まると、民主党のウィルソン大統領は中立を表明しました。一六年の大統領選挙でも、民主党は参戦しないと表明し、勝利します。遠いヨーロッパの戦争に参加することを、国民は望みませんでした。しかし中立[*]とはいっても、アメリカは通商・金融面ですでにイギ

ラシュモア山の四人の大統領

***……一九世紀末以降、労働運動がさかんになる中で社会主義の影響力が大きくなった。一九〇一年に設立されたアメリカ社会党は連邦下院に議席を獲得するまでになり、一二年の大統領選挙では六パーセントの票を得た。

*……孤立主義の外交政策をとるモンロー主義（一八二三年にモンロー大統領が出した外交方針）の伝統や、理想主義的なウィルソン大統領の信念に基づくものがあった。また多民族国家アメリカとしては、一方に加担することにも問題があった。しかし、世論の動向は変化していった。

リスなどの連合国側に加担していたのです。
開戦後、アメリカには交戦国双方から武器や穀類などの注文が殺到し、好景気となりました。とりわけ連合国側との貿易が拡大してドイツとの貿易を上回り、連合国側への民間投資も増大しました。この動きを背景にイギリス・フランスへの同情、ドイツへの嫌悪感が広がり、好戦的な気分も煽《あお》られていきました。

一九一五年五月七日、イギリスの客船ルシタニア号がドイツの潜水艦に撃沈され、アメリカ人一二四人を含む一一九八人の犠牲が出ました。アメリカ人が犠牲となり反ドイツ感情が広がりますが、まだ中立の声は大きく、参戦にはいたりません。しかし一七年に入りドイツの無制限潜水艦作戦による被害が拡大すると、連合国側に多額の融資をしているアメリカの銀行や財界には危機感が広がりました。もし連合国側が負けたら、貸し付け金は取りもどせません。

四月、ウィルソン大統領は連合国側での参戦に踏み切りました。アメリカの利益を守るとともに、戦後アメリカを中心とする新しい世界秩序を打ち立てようともしたのです。アメリカでは参戦当初志願兵が集まらず、徴兵制**が採用され、戦争を支持するキャンペーンが展開されました。反戦を主張するものはスパイ防止法違反で逮捕され、戦争に反対した社会党は非国民呼ばわりされ、影響力を失っていきました。

ウィルソン大統領（一九一九年）

兵士募集のポスター（第一次世界大戦時）

**……二〇〇万を超すアメリカ兵の中で、多くの黒人兵は後方支援の任務についた。戦闘に参加した黒人兵の指揮は、白人将校が指揮を拒否したため、フランス軍将校がとった。フランス軍には、すでに多くの西アフリカ出身の兵士がいたからある。アメリカ兵が黒人将校の下で戦うのは、ヴェトナム戦争以後である。

◆映画『ジョニーは戦場へ行った』（一九七一年、ドルトン・トランボ監督・脚本）　原作はトランボが一九三九年に発表した反戦小説。第一次世界大戦で絶大な損傷を負ったひとりの兵士の「生」を描く。

Q5 国立公園はアメリカで生まれたのですか。

A5

アイダホ州、モンタナ州、およびワイオミング州にまたがるイエローストーン国立公園は、世界最古の国立公園とされています。自然にあふれる公園内には間欠泉《かんけつせん》や温泉などがあり、グリズリーや狼、およびバッファロー（アメリカバイソン）などの群れが生息しています。一九世紀後半から自然保護の必要性がいわれてきましたが実現せず、一八七二年グラント大統領のときにイエローストーン公園法が成立して国立公園となりました。

カリフォルニア州にあるヨセミテは、一八九〇年に国立公園に指定されています。これには、当時ヨセミテに住みついて動植物の研究をし、自然を大切にする先住民の生き方にも共感していたジョン・ミューアが大きな役割を果たしました。彼の著作『私たちの国立公園』がセオドア・ローズヴェルト大統領の関心を呼び、一九〇三年には、大統領がヨセミテを訪問、ミューアとともにキャンプをおこないました。

ジョン・ミューアはグランドキャニオンなどの国立公園の制定にも関わり、「国立公園の父」と呼ばれます。明治時代に渡米してミューアに感銘《かんめい》を受けた登山家の東良三《あずまりょうぞう》は、帰国後日本の国立公園の制定に関わることになります。

ジョン・ミューア（右）とセオドア・ローズヴェルト

⑩「黄金の一九二〇年代」

1920年代のロサンゼルス

第一次世界大戦後の一九二〇年代、アメリカは「黄金の二〇年代（ゴールデン・エイジ）」と呼ばれる空前の繁栄を迎えました。自動車の生産が増大し、電気洗濯機や電気掃除機などさまざまな電気製品が家庭に行きわたるようになります。高層ビルや高速道路もつくられました。

またラジオ放送がはじまり、ミッキーマウスが誕生。映画やジャズ、ミュージカル、プロ野球をはじめとするスポーツが大衆の娯楽として人気を集めました。

Q1 お酒が禁止されたというのは本当ですか。

A1 植民地時代から、過度の飲酒が引き起こす家庭不和や暴力、浪費が問題となっていました。一九世紀には禁酒運動によっていくつもの州で禁酒法が制定されました。そして第一次大戦中の一九一七年、憲法修正第一八条が提出され一九年に四分の三の州（当時は三六州）が批准《ひじゅん》し、翌二〇年一月から全国に禁酒法が施行されました。飲料用アルコールの製造、販売、輸送が全面的に禁止されたのです。しかし、実際はどうだったのでしょうか。

政府が飲酒そのものを禁止し、取り締まるのは難しいことでした。そこで酒の密造、密輸、密売がさかんにおこなわれました。しかし政府は密造酒を売る違法な酒場や、酒を持ちこむ国境を、積極的には取り締まりません。ニューヨークだけでも三万軒以上の闇《やみ》酒場があったといわれます。この犯罪行為を取り仕切っていたのが、*ギャング組織でした。彼らは巨額の利を稼ぎ、勢力を拡大しました。シカゴの暗黒街に君臨したイタリア系移民のアル・カポネは、市長のような力まで持つようになりました。

禁酒法への反発は都市部で強まり、世界恐慌後の一九三三年、フランクリン・ローズヴェルト政権のもとで禁酒法は廃止されました。

殺人などさまざまな犯罪に関与したアル・カポネは、密造酒関係でも追及され、最終的には脱税の罪で刑務所に入れられました。

Q2 ジャズが流行するようになったのはいつのことですか。

A2 一九二〇年代、禁酒法時代のシカゴの闇酒場で、さかんにジャズが演奏されるようになりました。演奏者は黒人たちで、ピアニストのフレッ

禁酒法により、下水道に捨てられる酒

＊……一九二〇年代のシカゴでは、五〇〇件ものギャング同士の殺人事件が起きた。通行人を含め七人が殺害された二九年二月一四日の聖バレンタインデーの虐殺事件は特に有名。アル・カポネが仕組んだといわれるが、彼は逮捕されていない。多くの事件が周到に計画され、目撃者がいても証人にはなろうとしなかった。三一年に刑務所に入れられたカポネは三九年に出所したが、病気のため四七年に四八歳で死亡した。

◆映画『アンタッチャブル』（一九八七年、監督ブライアン・デ・パルマ） 禁酒法時代のシカゴのカポネ摘発を描く。ケヴィン・コスナー、ショーン・コネリー出演。

チャー・ヘンダースンがバンドリーダーとして活躍し、トランペッターでシンガーのルイ・アームストロング*が初のレコーディングをしたのも、二〇年代のことです。

ジャズの誕生はその語源と同様にはっきりしません。しかし、西洋音楽と黒人の独特のリズム感が結びついて生まれたと考えられます。黒人奴隷にはアフリカの歌とリズムが受け継がれていました。ニューオーリンズのコンゴー広場には休日になると奴隷たちが集まり、音楽を楽しんでいました。一九世紀の末にはジャズの原型のような演奏がミシシッピ川の川船で聞かれるようになったといわれ、このため河口のニューオーリンズがジャズ発祥の地とされます。

当初フランスの統治下にあったニューオーリンズでは、市民生活に音楽は欠かせないものでした。二〇世紀はじめ、コルネット奏者のバディ・ボールデンがニューオーリンズで人気を博し、「最初のジャズ王」と呼ばれています。

一九一七年、ニューオーリンズ出身のオリジナル・ディキシーランド・ジャズ・バンドが、ジャズ史上初の商業用レコードを発表しました。初期のジャズは、ブラスバンドと二〇世紀初頭に流行したダンス音楽の影響を受けていました。

ジャズはミシシッピ川を北上してシカゴに伝わり、闇酒場で演奏されるようになります。当時のシカゴは南部から北上した黒人労働者が増えているときで

＊……（一九〇一～一九七一年）、アフリカ系アメリカ人のジャズ・ミュージシャン。トランペット演奏と独特の歌声で人気を博す。愛称サッチモ。一九二〇年代から活躍したが、自国内では白人と同じホテルに泊まれないなど、さまざまな差別を受けた。「バラ色の人生」「ハロー・ドーリー」「この素晴らしき世界」など多くのヒット曲があり、多くの映画にも出演している。

ルイ・アームストロング

した。音楽演奏は彼らの職業のひとつとなり、ジャズはレコードやラジオの普及によって、大都市に広まっていきます。しかしレコード会社の経営は白人です。当時は、「白人好みの黒人音楽」でなければ、売れませんでした。

Q3 自動車の値段が安くなっていった、というのは本当ですか。

A3 広大なアメリカでは自動車は必需品です。しかし当初は手づくりで生産台数が少なく高価なため、金持ちが趣味で乗り回すものとされていました。これを大きく変えたのがフォードです。彼の理想は安くて運転しやすく、故障が少ない自動車でした。デトロイトにフォード・モーター・カンパニーを設立したのは一九〇三年、本格的な自動車生産がはじまりました。

一九〇八年には大衆車となるT型フォードを開発し、一三年からフォード・システムと呼ばれる組み立てラインによる生産を開始しました。このベルトコンベアを用いた流れ作業による生産方式と部品の標準化などにより、自動車の大量生産が可能となりました。

モデルチェンジをしないで大量生産すれば価格は安くなり、労働者も自動車を買うことができます。フォード社ではアメリカの平均日給の二倍の賃金が支払われました。彼は労働者に高い賃金を払っても、大量に売れればもうかると

T型フォード（一九一〇年）

考えたのです。T型フォードの価格は一九一〇年に九五〇ドルしていたものが、二五年には二九〇ドルまで下がります。自動車は都市部では三世帯に二台の割合で行きわたるようになりました。

T型フォードは世界累計で一五〇〇万台以上売れたといわれますが、生産は一九二七年に中止になりました。モデルチェンジを売り物にするゼネラル・モーターズ社の自動車に人気を奪われたのでした。また効率的な生産の追求は組み立てラインのスピードを速め、労働者*の仕事は無駄のないよう、厳しく管理されるようになりました。

Q4 サッコとヴァンゼッティ事件とは どんな事件なのですか。

A4 一九二〇年四月、マサチューセッツ州のある製靴工場を五人組の強盗が襲《おそ》い、会計係ら二人を射殺して現金を奪い、車で逃走しました。五月、容疑者としてイタリア移民の製靴工のサッコと魚の行商人のヴァンゼッティが逮捕されました。翌年、裁判所は二人に死刑を判決します。

しかし二人は否認し、犯人とする物的証拠も不十分でした。証人は逃走した車をヴァンゼッティが運転していたと陳述しましたが、ヴァンゼッティは車の運転はできません。ほかにもおかしなことだらけでした。この裁判の不公平さ

*……フォードは、素行調査をおこなうなど労働者の私生活まで監視した。フォード社の労働組合が正常に機能するのは、彼の引退後である。彼はまた反ユダヤ主義者として知られる。

◆映画『モダン・タイムス』(一九三六年、監督・製作・脚本・作曲・主演チャップリン)人間愛を歌いつつ、資本主義社会や機械文明を軽妙に風刺した。冒頭のベルトコンベアの作業シーンは有名。

サッコ(右)とヴァンゼッティ

に抗議する動きが、アメリカ国内はもちろん、世界各地で起こりました。しかし、弁護側の裁判やり直しの申し立てはことごとく却下され、一九二七年八月、二人は電気椅子で処刑されました。

当時アメリカは第一次世界大戦後の不景気で、労働運動がさかんになっていました。大戦中のロシア革命の影響で、アメリカにも共産主義者や社会主義者、無政府主義者などが増え、政府は彼らへの取り締まりを強化します。これを「赤狩り（レッド・パージ）」と呼び、犯罪などの社会不安の原因は彼らにあるとされ、人々のあいだに彼らへの偏見と憎悪が煽《あお》られました。

今日ではサッコとヴァンゼッティ事件は、無政府主義者だった移民の二人に対する偏見に基づいた冤罪《えんざい》事件だったとされています。二人の無実が公式に認められたのは、五〇年後の一九七七年のことでした。

Q5 「喜劇王」チャップリンとはどんな人ですか。

A5 チャーリー・チャップリンは、イギリス出身の有名な映画俳優、監督です。両親は貧しい芸人で、自身もフランスやアメリカなどを巡業するなかで芸をみがき、アメリカの映画界に入りました。

映画は二〇世紀直前に誕生したばかり、人が動き汽車が走る「動く絵」は

再審を求めるデモ

◆映画『死刑台のメロディ』（一九七一年、監督・脚本ジュリアーノ・モンタルド）サッコとヴァンゼッティ事件をドキュメンタリー風に死刑まで描く。

人々を驚かせ、夢中にさせました。彼の映画デビューは一九一四年、たちまち人気者となり、この年だけで三六本の映画に出演しました。小柄な彼は山高帽にダブダブのズボン、ちょび髭《ひげ》にステッキという独特のスタイルをつくり、二〇年代末までに『キッド』をはじめ数々のサイレント映画の傑作をつくりました。彼の笑いには貧しい者、弱い者への共感と人間愛、権力への風刺、批判がありました。

三〇年代には資本主義を痛烈に批判した『モダン・タイムス』や、ヒトラーに扮《ふん》してファシズムを風刺した『独裁者』をつくり、第二次世界大戦後まもない一九四七年には『殺人狂時代』で厳しく戦争を批判しました。しかし戦後、冷戦下の五〇年代に狭い愛国心を振りかざした「赤狩り」の風潮が強まると、こうした映画をつくってきたチャップリンを反米的だ、共産主義者だ、と攻撃する声が高まりました。

一九五二年、チャップリンがロンドンへ『ライムライト』のプレミア上映のために出国すると、アメリカは再入国を認めないと発表しました。以後スイスに定住したチャップリン*には、フランスのレジオンドヌール勲章などさまざまな賞が贈られます。一九七二年、八三歳のチャップリンに事実上の謝罪となるアカデミー特別賞が授与され、彼は二〇年ぶりにアメリカの地を踏みました。

チャップリン（映画『独裁者』）

＊……チャップリンの秘書は、当初運転手として雇われた日本人の高野虎市が長く務めた。チャップリンが彼を高く評価したため、一時は家の使用人のすべてが日本人だったともいわれる。チャップリンは一九三二年に初来日して大歓迎をうけ、戦後も日本を訪れた。

⑪ 世界恐慌の時代

失業者向けのスープキッチンに並ぶ行列

一九二九年に起こった大恐慌は、世界中の資本主義国や植民地に波及し、経済を大混乱させる世界恐慌となりました。アメリカではニューディール政策が実施され、より危機が深刻だったドイツ・イタリア・日本ではファシズムが台頭しました。

Q1 アメリカで、なぜ大恐慌が起こったのですか。

A1 一九二〇年代、アメリカでは三代続く共和党政権の下、自動車・電機・建設などの産業を中心に好景気となり、株価は上がり、株の取引がさかんになりました。人びとは借金をして、電気製品など大型の耐久消費財や株を買い求めました。しかし実際には第一次世界大戦が終結して

株価大暴落(一九二九年)

輸出が止まり、農業や石炭、繊維産業などの分野は生産過剰で苦しんでいました。景気がよくても購買力は小さいままで、株価だけが上がっていたのです。

二九年九月になると、それまで上がりつづけていた株価が下がりだし、不安が広がるなか、ついに一〇月二四日、一気に大暴落しました。このため経営不振を株式投資で埋め合わせていた会社は、またたく間に倒産しました。失業者は三二年には一三〇〇万人を突破し、倒産に追いこまれた銀行は五〇〇〇行以上といわれます。失業をまぬがれた人も給料は半分以下になりました。人びとは無料配給のパンを得るために行列し、住む家を失った人たちは公園や空き地に掘立小屋を建てて生活しました。

こうしたなかでも利益をあげていたのがデュポン、モルガン、ロックフェラー、メロンなどの大財閥です[*]。彼らは恐慌のなかで多くの会社を合併し、多角経営化を進めて、独占支配を確立しました。たとえば自動車業界ではGM（ゼネラル・モーターズ）、フォード、クライスラー三社の独占体制のなかで、GM（デュポンとモルガンが支配）がいっそう市場占有率を高めました。恐慌のまっただなか、ニューヨークの五番街では連日豪華なパーティが開かれていました。

株価の暴落で証券取引所のあるウォール街に集まる群衆

*……共和党政権の下で、アメリカは大企業寄りの経済発展をした。共和党は政府は積極的に経済活動に介入すべきではない、と考えていた。

Q2 ニューディール政策とは何ですか。

A2 一九三二年の大統領選挙で、民主党の新人フランクリン・ローズヴェルトが、共和党で現職のフーヴァーに大差をつけ当選しました。彼が選挙中に訴えたのが「ニューディール」で、これは「新規まき直し」という意味です。しかしその時点ではとくに具体的な政策はありませんでした。

就任したローズヴェルトはまず緊急銀行救済法を制定し、銀行に対する政府の監督を強化しました。政府が企業をコントロールしようとする政策でした。ニューディール政策のなかでよく知られているのは、TVA（テネシー川流域開発公社）の設立です。ダムの建設で政府が失業者に仕事を与え、建設費で大企業をうるおし、発電した電力を工場で使い、ダムで洪水を防ごうというものです。また労働者の団体交渉権や団結権を認め、権利を拡大したので、労働者の組織化が急速に進むことになりました。老齢年金や失業保険の社会保障制度も整えました。これらのことからローズヴェルト政権を社会主義的とする見方もありますが、大恐慌という資本主義の危機を国家の力で救おうとし、その限りにおいて労働者の権利を認めたのでした。

こうして一九三四年初頭から景気は回復の傾向を示しますが、不況からはな

F・ローズヴェルト大統領はラジオでの炉辺談話で毎週、国民に語りかけた。

かなか脱することができませんでした。産業界は徐々に*ニューディール政策への不満を強め、労働者は生活を守るためにストライキに立ち上がります。また、ニューディール政策の多くは黒人を排除するか差別していました。差別の強い南部では、黒人小作農は政府の補助金の支給を受けられませんでした。

Q3 エンパイア・ステート・ビルの高さはどのくらいですか。

A3 *かつて世界一高いビルだったニューヨークのエンパイア・ステート・ビルは、高さ三八一メートル（一〇二階）で、アンテナを含めると四四八メートルとなります。一九二〇年代に計画され、大恐慌の年の二九年に着工しました。工事は近くのクライスラー・ビルから「世界一高いビル」の称号を奪うために急ピッチでおこなわれ、三一年に竣工《しゅんこう》しました。

しかしその完成の三一年の春、アメリカの失業者は八〇〇万人に達していました。ニューヨークの街角には、このあいだまでサラリーマンだった人があちこちでリンゴ売りをしていました。リンゴは経営難に苦しむリンゴ協会が、卸値で失業者に信用貸ししたものでした。また、この年ソ連が募集した六〇〇〇人の熟練労働者の求人には、一〇万人もの応募者がつめかけました。

さて、ビルは完成しましたが、恐慌のためオフィス部分は四〇年代まで多く

*……ニューディール政策に対抗して、三六年の大統領選挙には州知事時代「ルイジアナ州の独裁者」と呼ばれた上院議員ヒューイ・ロングが立候補した。彼は「富の再分配」を唱え、ファシズムを連想させる方法で大衆の絶大な支持を集めたが、三五年に暗殺された。

◆『怒りの葡萄』（一九四〇年、監督ジョン・フォード）ジョン・スタインベックの小説の映画化。世界恐慌を背景に小作人一家の苦闘を描く。

*……現在の代表的な超高層ビルは、ドバイのブルジュ・ハリファ（八二八メートル）、中国の上海中心（六三二メートル）、サウジアラビアのアブラージュ・アル・ベイト・タワーズ（六〇一メートル）である。

エンパイア・ステート・ビルの建設現場

が空室のままでした。そのため「エンプティー（空の）・ステート・ビルディング」と呼ばれたりしました。このビルは一九七二年にワールド・トレード・センターのノースタワーが竣工するまで、世界一の高さを誇るビルでした。

エンパイア・ステート・ビルは映画や小説でもよく取り上げられ、一九三三年の映画『キングコング』が有名です。また、四五年七月には、濃い霧の中でアメリカ陸軍の爆撃機B-25が、ビルに衝突するという事故が起きました。

Q4 アメリカはベルリン・オリンピックに参加したのですか。

A4 一九三六年のベルリン・オリンピック*に対する各国の対応は、複雑なものがありました。ソ連とスペインは不参加を決定し、ヨーロッパ諸国やアメリカではボイコット運動が生まれていました。ヒトラー政権下のドイツでは、ユダヤ人に対する迫害が深刻化していたからです。すでにユダヤ人は公職から追放され、スポーツ面でも競技団体からは排除され、プールの使用もできず、限られた場所で仲間内でしか練習や試合はできなくなっていました。

三三年にウィーンで開かれた国際オリンピック委員会で、アメリカの委員は、ベルリン大会を別の都市で開催すべきだと主張しました。アメリカではユダヤ人だけでなく、多くの人がボイコットの声をあげていました。これに対しドイ

*……ヒトラーはオリンピックに対して当初否定的だったが、絶大なプロパガンダ効果が期待できると説得され、開催に同意した。

ベルリン市内に掲揚された参加国の旗(©BArchBot)

ツはアメリカの黒人差別を取り上げて反論します。一方では強力なアメリカチームをベルリンに送るべきだという声もあり、最終的には選手団を送ることになりました。

アメリカの参加はヒトラーを喜ばせ、ドイツ・オリンピック委員会はユダヤ人選手を一時的にドイツチームの一員に加えたりします。大会中ユダヤ人に対する迫害は、表向き目立たないようにされました。大会はナチスの宣伝の場となり、外国人はナチスに感銘《かんめい》を受けて帰国し、それまでナチスに批判的だった人たちは沈黙するようになります。

この大会でアメリカの黒人選手ジェシー・オーエンスが陸上競技で金メダルを四個獲得したことは、ナチスの人種理論にとっては大きな誤算でした。そしてまた、ローズヴェルト大統領がオーエンスをねぎらい、称賛することもありませんでした。

ベルリン・オリンピックでのヒトラー

Q5 スペイン戦争のときの「不干渉政策」とは何ですか。

A5 一九三六年、スペインでフランコ将軍が反乱を起こすと、ドイツとイタリアが反乱軍を支援して軍を派遣しました。これに対しアメリカや英仏などの各国政府は、「不干渉政策」という名のもとに、「中立」をよそおってスペインの共和国政府を助けませんでした。国家として共和国政府を支援したのは、ソ連とメキシコだけでした。

アメリカ国民のあいだには、ヨーロッパ諸国に干渉されたくないし、干渉もしないという考えがあり、ローズヴェルト政権もこの考えから中立政策をとったのです。しかし、アメリカにはすでにナチス・ドイツの迫害を逃れて、ユダヤ人が続々と亡命してきていました。スペインで戦争が開始されると、市民たちは救急車や医薬品、食料などの救援物資をスペインに送りましたが、不干渉政策のために武器を送ることはできませんでした。

各国政府の不干渉政策に反対する人たちは、共和国政府を助けるため義勇軍をスペインに送りました。その数は数万人といわれ、英仏をはじめ六〇カ国以上にのぼります。アメリカからは約三〇〇〇人がスペインへ渡り、国際旅団として「エイブラハム・リンカン大隊」が結成されました。リンカン大隊はマドリード周辺を転戦し、多くの犠牲者を出します。

作家ヘミングウェイも義勇兵としてスペイン戦争に参加し、『誰《た》がために鐘は鳴る』を書いて支援を訴えました。日本人ではニューヨークで料理人をしていたジャック＝白井が参加し、マドリード付近の戦いで戦死しています。

ヘミングウェイ（一九三九年）

◆映画『誰が為に鐘は鳴る』（一九四三年、主演ゲーリー・クーパー、イングリッド・バーグマン）　ヘミングウェイの小説が原作だが、映画は歴史的背景の薄い恋愛物となっている。

⑫ 第二次世界大戦とアメリカ

一九三九年九月、ドイツ軍がポーランドに侵攻し、第二次世界大戦がはじまりました。アジアでは日本の中国侵略が激しくなるなか、日本は東南アジアにも進出しようとしていました。アメリカは当初参戦していませんでしたが、一九四一年一二月、日本軍に真珠湾《パールハーバー》を攻撃されると参戦し、ヨーロッパとアジア・太平洋のふたつの戦場でドイツ・日本と戦うことになりました。

マンザナ日系人収容所

Q1 第二次世界大戦がはじまったとき、アメリカはどうしたのですか。

A1 開戦を前にアメリカは一九三五年に中立法*を制定し、ヨーロッパやアジアの戦争に巻きこまれることを避ける準備をしていました。その一方でローズヴェルト大統領は、自国の安全を確保するためとして、軍備の拡張をはかりました。ニューディール政策は行きづまっていたのですが、これにより軍

*……大統領が、戦争状態にある国、または内乱がおこっていると認めた国への武器や軍需物資の輸出を禁止する法律。背景にはヨーロッパの戦争には関わりたくないとする孤立主義がある。スペイン戦争には適用されたが、中国侵略を続ける日本に対しては、対日貿易額の大きさから当初適用されなかった。

需産業に失業者の働き口が生まれました。三九年九月に第二次世界大戦がはじまると、一一月には武器輸出禁止法が撤廃され、軍需産業はイギリスとフランスに対する武器輸出で活気づきました。

アジアではアメリカは日本への石油、機械類などの輸出をつづけ、日本の中国侵略を支える役を担っていました。しかしヨーロッパで大戦がはじまると、日本への輸出も制限し、太平洋艦隊の増強を図りました。

ローズヴェルトは四〇年の大統領選挙に三回目の出馬をし、ヨーロッパの戦争には巻きこまれないこと、しかし軍備の増強をはかることを公約に掲げました。当選後の四一年三月、彼は武器貸与法を制定し、イギリスなどに大量の武器を提供するようになりました。アメリカはまず経済面で連合国側に参戦することになったのです。

パリから出兵するフランス軍

Q2 ローズヴェルト大統領は日本の真珠湾《パールハーバー》攻撃を知っていた、というのは本当ですか。

A2 一九四一年四月から、ワシントンで中国問題をめぐる日米交渉が開始されました。交渉は難航し、アメリカは日本への石油の輸出を全面的に止めるなどの強い措置をとりました。そうしたなか、日本は九月六日の御前会議で実質的なアメリカとの開戦を決定します。

アメリカは一一月二六日、国務長官ハルの名で最終案を日本に提出しました。中国を満州事変以前の状態に戻す、というのがアメリカの要求でした。日本はこれを受け入れず、一二月八日、イギリスの拠点シンガポール占領をめざしてマレー半島に上陸、その二時間後、現地時間七日の早朝にアメリカ太平洋艦隊の基地であるハワイのオアフ島を奇襲*攻撃しました。

日本は在米大使館の手違いで、攻撃後に交渉の打ち切りを通告したといわれますが、すでにマレー半島では戦闘がおこなわれていたのです。日本軍による真珠湾攻撃は、それまで戦争を望んでいなかったアメリカ世論を大きく変えました。「真珠湾を忘れるな《リメンバー・パールハーバー》」のスローガンのもとに、アメリカは日本と、また日本と同盟を結んでいたドイツとイタリアにも宣戦し、第二次世界大戦に参戦します。ローズヴェルトは事前に日本の攻撃を知っていたともいわれますが、決定的な史料はありません。緒戦でアメリカ海軍を大破するのが日本軍の狙いでしたが、真珠湾で被害を受けた軍艦**は大半が修理され、戦線に復帰しました。

Q3 戦争中、日系人は強制収容所に入れられていたのですか。

A3 戦争が開始された二カ月後の一九四二年二月、ローズヴェルトは、西海岸一帯の日本人を強制的に立ち退かせる大統領令を出しました。当時、

攻撃された戦艦アリゾナ

*……日本は開戦後の八日午前一一時四五分に米英に対し宣戦布告した。

**……戦艦アリゾナは大爆発をおこして二日間炎上し、沈没した。艦は引きあげることができず、現在は「アリゾナ・メモリアル」として一九六二年一二月七日に開館、運命を共にした乗組員の永眠の墓所とされている。

カリフォルニア州など西海岸一帯には約一二万人の日系人がいました。彼らは移民生活から苦労して農場や商店を経営するようになり、その子にあたる二世はアメリカの市民権を得て、親のあとを継いでいました。しかし、勤勉な日系人の社会的地位が向上すると白人の反感を買い、日系人排斥《はいせき》の法律まで制定されるようになっていました。

日本軍による真珠湾攻撃は、白人たちの反日感情に火をつけました。日系人の住宅や商店には銃が撃ちこまれたり、火がつけられたりしました。ある日系人の商店は「私はアメリカ人」という看板を掲げましたが、収容所送りはまぬがれませんでした。日系人は今まで築いてきた財産を手離して、強制収容所に入れられたのです。

強制収容所は、約一万人が収容されたカリフォルニア州のマンザナをはじめ、全部で一〇カ所以上ありました。いずれも先住民の居留地かその近くで、アメリカ西部の荒野でした。柵に囲まれ監視され、囚人のような生活のため、暴動も起きました。二世の多くは自分をアメリカ人と自覚していましたが、政府は日系人に国家への忠誠テスト*をおこない、忠誠を誓った青年だけを集めて日系人部隊を編成しました。彼らはヨーロッパ戦線の激戦地に送りこまれ、アメリカへの忠誠の証として犠牲的な戦いを求められました。

同じ敵国人でも、ドイツ系やイタリア系はごく一部の人を除いて収容されま

収容所へ向かう日系人

*……日米開戦後の四二年、陸軍はハワイの日系人を中心に第一〇〇歩兵大隊を編成し、四三年には本土とハワイの日系人からなる約四〇〇〇名の第四四二連隊を編成した。このように特定の民族だけで部隊を編成することは例がない。

本土ではこのために強制収容所からの出所許可判断を兼ねて、三三項目からなる忠誠審査がおこなわれた。その中でもアメリカ軍隊への従軍の意思確認と、アメリカへの忠誠かつ日本の天皇に対する不服従を要求する質問は、一世と異なりアメリカで生まれアメリカ国籍を持つ二世にとって、許しがたいものだった。この二つの質問に「ノー」と答えた者は「ノー・ノー・ボーイ」と呼ばれ、より厳重な監視のツールレイク収容所に移された。

せんでした。

収容された人びとは戦後謝罪と補償を求める運動をつづけ、一九八八年、政府は日系人を強制収容したことに謝罪するとともに、一人二万ドルの補償をすることになりました。

Q4 戦争で失業問題は解決したのですか。

A4 参戦によって、軍需産業を中心にアメリカ経済は大きく動きだしました。一九四一年から四二年にかけて工業生産は大幅に増大し、難航していた失業問題は事実上失業者ゼロとなりました。そればかりか労働者が不足して、多くの黒人が南部の農村から北部の工業都市に移動することになりました。仕事をめぐって白人と黒人の対立が起こると、政府は雇用上の人種差別を禁止します。

女性もそれまでは不向きとされていた、重工業などの部門で働くようになりました。しかしそれで女性の地位が高まったわけではありません。戦後男性が復員してくると、早く家庭に戻るようにとのキャンペーンがおこなわれました。

造船所など軍需工場のある町では工場がフル回転し、町は二四時間体制となって、繁華街の映画館やレストランは一晩中にぎわいました。ホテルの部屋

第二次世界大戦中の日系人収容所

は満室で、レストランも満員、毛皮のコートや宝石類、グランドピアノなど高価なものが飛ぶように売れたといわれます。しかし軍需産業が膨大な利益を上げているにもかかわらず、労働者の賃金は上がらず、一九四四年だけで一〇〇万人以上がストライキに参加しました。

徴兵で七〇万人を超える黒人が軍隊に入りましたが、政府は軍隊内での人種隔離*をつづけていました。しかし四四年になって、ようやくそれをやめる方向が打ち出されました。先住民も二万五〇〇〇人以上が軍隊に動員されましたが、差別は解消しませんでした。

Q5 アメリカはなぜ日本に原爆を投下したのですか。

A5 原爆投下命令を出したトルーマン大統領は、戦後「原爆投下は戦争の終結を早め、多くの兵士の命を救った」と弁明しました。しかし、戦後日本に来たアメリカ戦略爆撃調査団は、日本は原爆が投下されなくても、また上陸作戦が実施されなくても、一九四五年のうちには必ず降伏したであろうと報告しています。

一九四五年二月、ソ連のヤルタ*に米・英・ソの首脳が集まり、大戦の後始末の話し合いがおこなわれました。ドイツは降伏寸前でしたが、日本との戦いは

工場で働く女性たち

＊……黒人のみからなる戦闘部隊が組織され、兵舎や訓練なども白人兵士とは別だった。

＊……ヤルタ会談にはチャーチル首相、ローズヴェルト大統領、スターリンが出席した。（小児まひ）ローズヴェルトは三九歳のときポリオにかかり、車椅子を用いていた。ヤルタから帰国の二カ月後、脳卒中で急逝した。

まだ相当の激戦が予想されました。製作を急いでいた原爆の完成の目処《めど》はつかず、ローズヴェルト大統領はこの会談で日ソ中立条約を結んでいたソ連に対日参戦を求めました。そして「ソ連はドイツ降伏の三カ月後に参戦する」という密約**が成立しました。ドイツの降伏は五月八日です。

七月一六日、アメリカはニューメキシコの砂漠でついに原爆実験に成功しました。トルーマン大統領の命令により、まだ二発しかない原爆は二発ともただちにマリアナ諸島のテニアン島に運ばれ、投下準備に入ります。翌一七日からはドイツのポツダムで米英ソの首脳会談がはじまりましたが、日本の無条件降伏を求めるポツダム宣言が出される前日に、トルーマンは原爆投下の最終命令を出しました。ということは、日本***がポツダム宣言を受け入れなかったために原爆が投下された、のではありません。

原爆が完成すれば、アメリカはソ連の力を借りなくても日本に勝つことができます。戦後ソ連を抑え、世界の指導権を握るには、ソ連の参戦前に日本に大きな打撃を与えなければなりません。八月八日、ソ連は約束どおり日本に宣戦し満州と樺太に攻撃を開始しました。アメリカはその直前の八月六日、広島に原爆を投下したのです。それはアメリカの軍事力を世界に示すと同時に、その威力を知る実験的な意味もありました。そして戦後、日本は実質的にアメリカの単独占領下に置かれることになりました。

広島に投下されたウラニウム型原子爆弾「リトルボーイ」

**……この時ソ連が樺太南部と千島列島の領有を要求し、米英が認めた。

***……八月六日の原爆投下について、日本の新聞は「広島へ敵新型爆弾」とだけ報道した。原爆投下をめぐる最高戦争指導者会議は開かれず、ソ連参戦後の八月九日に最高戦争指導者会議が開かれた。原爆ではなく、ソ連参戦が日本の降伏の契機となったのである。

13 冷戦のはじまり

アポロ計画のマーク
（NASA）

第二次世界大戦でアメリカは戦場にならず、生産力は増大し、世界で唯一原爆を持つ大国となりました。一方ソ連は大戦末期から勢力を拡大し、アメリカに対抗するようになります。両国は砲火こそ交えないものの厳しく対立し、「冷戦」と呼ばれる緊張状態がはじまりました。アメリカ国内では、共産主義の脅威が声高に叫ばれるようになりました。

Q1 「鉄のカーテン」とは何ですか。

A1 一九四六年三月、アメリカを訪れたイギリスの前首相チャーチルは、「今やバルト海からアドリア海まで鉄のカーテンがヨーロッパ大陸を横切り、その背後の国々はソ連の支配下にある」と演説*しました。

第二次世界大戦の後半、東ヨーロッパのナチス・ドイツの占領地域はつぎつ

*……ミズーリ州フルトンのウェストミンスター大学で行った講演

ぎとソ連軍によって解放され、社会主義国ソ連の影響力が強まっていたのです。アメリカやイギリスは危機感を持ち、チャーチルはソ連圏との境界を重苦しい「鉄のカーテン」と表現しました。

四七年、イギリスは財政難のため、ギリシアやトルコにおこなってきた財政援助ができなくなりました。貧困は社会主義やソ連を支持する勢力を強めます。トルーマン大統領はイギリスに代わり、両国に援助することを決定しました。このようなソ連の勢力拡大を抑えようとするトルーマンの政策は、「封じ込め政策」と呼ばれました。

同年、アメリカは西ヨーロッパ諸国に経済援助を開始し、四九年には北大西洋条約機構を結成して、軍事的にソ連を包囲していきます。しかし、中国の内戦ではアメリカが支援してきた国民党が敗北し、共産党が政権を獲得して中華人民共和国が成立しました。またこの年にはソ連が原爆実験に成功し、アメリカの原爆独占が崩れました。

冷戦**のなか、アメリカによる日本の占領政策も変化していきます。四八年一月に陸軍長官ロイヤルが日本は「反共の防壁」「アジアの工場」にならなければならないと演説し、占領軍による民主化政策は、ポツダム宣言が掲げた日本の非軍事化と民主化から軌道修正されることになりました。

チャーチル前英首相（左）とトルーマン大統領（一九四六年）

**……大戦の終結により、アメリカは平時の経済活動に戻ることになった。しかしアメリカ経済は大きく戦争に依存しており、大企業は兵器生産を急に削減することはできなかった。大企業は軍事費の増額を望み、そのためには仮想敵国が必要だった。この時はソ連だったが、二一世紀になっても「敵」をつくりだすことは変わらない。

◆映画『真実の瞬間』（一九九一年、主演ロバート・デ・ニーロ）マッカーシズムが吹き荒れる中、ハリウッドで起きた監督、俳優など映画人への弾圧と闘いを描く。

Q2 「赤狩り《レッド・パージ》」とは何ですか。

A2 第一次世界大戦後、ロシア革命の影響を受けてアメリカでも労働運動がさかんになりました。このとき共産主義者や社会主義者、労働運動の活動家などが弾圧されたのが「赤狩り」の最初です。「赤」と呼ばれた彼らに対するさまざまな弾圧が、「赤狩り」です。

そして第二次世界大戦後の一九五〇年代のはじめ、「封じ込め政策」をとったトルーマン政権が、国内で共産主義者やその同調者と思われる人々を厳しく弾圧したのが二回目です。背景には中国革命、ソ連の原爆所有、朝鮮戦争など冷戦の進行がありました。

一九四七年、トルーマン政権は政府職員に忠誠審査をおこない、議会では非米活動委員会が個人や団体を取り調べました。「忠誠に疑いあり」とされて多くの職員が解雇されましたが、明確な根拠はありませんでした。マスコミは共産主義の脅威を煽《あお》り、国民の思想や信条はひどく圧迫されました。議会ではマッカーシー上院議員が「赤狩り」の先頭に立ちました。非米活動委員会では「赤」と疑われたハリウッドの監督、脚本家、俳優たちも審問の対象とされました。一方、こうした呼び出し、審問自体が憲法修正第一条で保障された基本

赤狩りの先頭に立ったマッカーシー

共産主義の脅威を煽《あお》るポスター

的人権に反する、と闘った映画人たちもいました。（→一〇七ページ）

一九五〇年には、共産主義者のローゼンバーグ夫妻が原爆の機密情報をソ連に流したとして、逮捕されました。アメリカの原爆独占が崩れた翌年のことです。連邦裁判所は確たる証拠がないにもかかわらず死刑判決を下し、世界中からの抗議のなか、犯行を認めなかった夫妻はスパイとして処刑されました。密告が求められ、信頼の絆が砕かれる恐ろしい日々でした。

Q3 スプートニク・ショックとは何ですか。

A3 一九五七年一〇月、ソ連は人類初の人工衛星「スプートニク一号」*の打ち上げに成功しました。このニュースは世界中を驚かせ、アメリカをはじめとする西側諸国には大きな衝撃となり、スプートニク・ショックと呼ばれます。ソ連はスプートニクの成功で高度のロケット技術を持つことを証明し、この年大陸間弾道ミサイルの実験にも成功しました。これらのことはソ連がどこへでも核攻撃ができるようになったことを意味します。

アメリカは劣勢を覆《くつがえ》すため、本格的に宇宙開発にのりだします。翌五八年にはアメリカ航空宇宙局（NASA）を設立、技術者養成のための教育や研究のために予算が割かれるようになりました。六一年にはケネディ大統領が六〇年

*……直径五八センチ、重さ八三・六キログラムの金属製でアンテナ四本がついている。

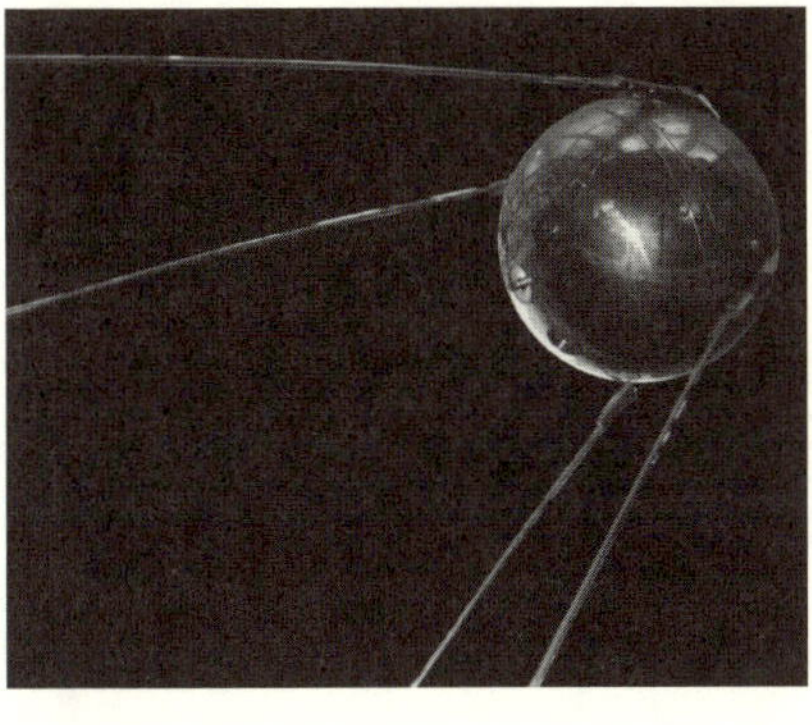

スプートニク一号

代中に人間を月に到達させるという声明をだし、アポロ計画**が進められます。そして六九年七月二〇日、ついにアポロ一一号が月面に到達しました。八〇年代以降はスペース・シャトルが次々と打ち上げられます。宇宙開発と軍事技術は切り離せないものでした。

ソ連の大陸間弾道ミサイルの配備に対抗して、アメリカでは「ミサイル・ギャップ」を埋めるため、潜水艦から弾道ミサイルを発射するポラリス***計画も進められました。アメリカとソ連は核兵器とミサイルの開発競争を続けましたが、実際にはソ連のミサイル配備は「ミサイル・ギャップ」と言われるほどには進んでいませんでした。

Q4 朝鮮戦争はどのような戦争だったのですか。

A4 朝鮮戦争は一九五〇年六月二五日、北緯三八度線で南北に分断されていた朝鮮半島で、朝鮮民主主義人民共和国（北朝鮮）が、大韓民国（韓国）に侵攻したことによってはじまりました。アメリカが主導する国連安全保障理事会*は、「北朝鮮は侵略者」と判定し、国連軍の派遣を決定します。しかし、これは国連憲章に規定された手続きとは異なる派兵のため、厳密には「国連軍」とはいえないものでした。

**……人類初の月への有人宇宙飛行計画で、六九年から七二年にかけて六回の有人月面着陸に成功した。最初に月面に降りたアームストロング船長は、「この一歩は小さな一歩だが、人類にとっては大きな飛躍だ」との言葉を残した。

***……ポラリスは核装備の潜水艦発射弾道ミサイルで、一九六〇年に発射実験に成功した。七〇年代にはポセイドンに、八〇年代にはトライデントへと交代した。

*……この決定はソ連欠席のもとで行われた。当時ソ連は北朝鮮を擁護する立場にあり、常任理事国として拒否権を持っていたが、前年に誕生した中国の代表権を巡って国連に抗議し、理事会を欠席していた。

その国連軍とは実質的には日本を占領していたアメリカ軍で、総司令官には日本にいたマッカーサーが就任しました。九月、国連軍はソウル近郊の仁川《インチョン》に上陸し、ソウルを奪回して北上します。つづいて北朝鮮側に中国義勇軍が参戦し、戦局は二転三転、マッカーサーは中国への原爆攻撃などを主張して、トルーマン大統領と対立し解任されました。

この間、日本は国連軍の兵站《へいたん》基地の役割を果たし、朝鮮特需によって経済が復興していきました。マッカーサーは開戦後ただちに日本政府に警察予備隊の創設を指示し、日本の再軍備がはじまりました。またこの戦争中、アメリカの主導でサンフランシスコ講和条約が調印されましたが、ソ連などは調印に反対し、インドなどは出席せず、日本が最も長く戦争をつづけた中国は講和会議に招かれませんでした。同じ日に日米安全保障条約が調印され、アメリカ軍は占領終了後も駐留をつづけることになりました。冷戦下、日本はアメリカ陣営に加わる選択をしたのです。

戦争は一九五三年七月、南北分断のまま休戦となりました。被害は甚大で正確な数字は不明です。民間人の犠牲が多く、兵士の犠牲は米軍、韓国軍、北朝鮮軍、中国軍で合わせて死者九〇万人といわれます。同じ民族同士が戦い、戦場は半島各地に及び、数百万人の命が失われ、家族の離散や多くの孤児が心の

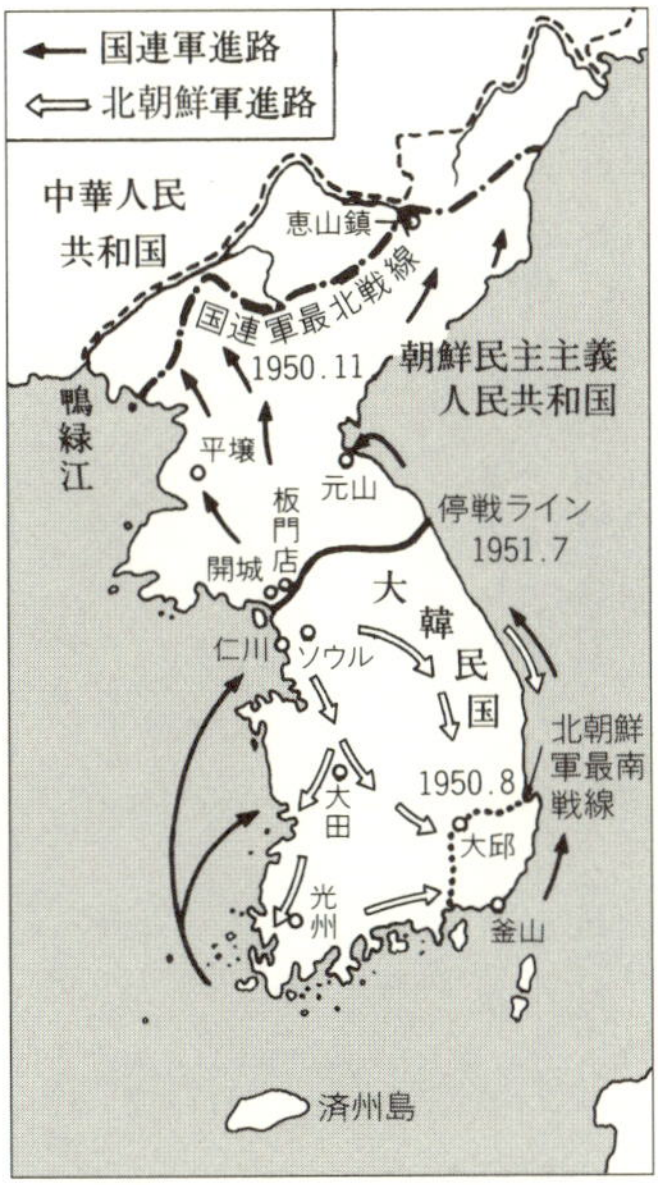

朝鮮半島を二分した朝鮮戦争

傷とともに生まれました。

Q5 「アトミック・ソルジャー」とは何のことですか。

A5 一九五〇年代、米ソは核兵器やミサイルの激しい開発競争をおこないました。アメリカでは西部のネヴァダ州の砂漠で、核実験が繰り返しおこなわれました。そのとき核実験演習に参加し、キノコ雲の下での戦闘訓練などによって放射線に被曝した兵士たちを、「アトミック・ソルジャー」と呼びます。

兵士たちは事前に放射線の危険性を知らされない、もしくは放射線の影響は取るに足らないと教えられていました。南太平洋でおこなわれた水爆実験でも、兵士たちは整列し、爆発に背を向け目を覆っただけで、立ち会わされていました。その後この兵士たちにはガンが多発し、さまざまな放射線障害の症状が出ています。アメリカのみならずソ連でも、核実験場で軍事演習や除染作業がおこなわれ、多くの兵士の被曝が明らかになっています。

一九五四年の太平洋ビキニ環礁《かんしょう》での水爆実験では、付近の環礁の島民が被曝しただけでなく、近海で操業中の日本のマグロ漁船第五福竜丸など多くの漁船が被曝しました。こうした核兵器の開発競争とともに、これは人類絶滅の危機

アップショット・ノットホール作戦（一九五三年、ネヴァダ核実験場）

◆映画『アトミック・カフェ』（一九八二年）
一九四〇年代から五〇年代にアメリカ政府が製作した原爆ＰＲフィルムや核実験のニュース映像を編集した、驚愕のドキュメンタリー映画。

につながるとして平和運動が世界的に展開され、五五年には第一回原水爆禁止世界大会が広島と東京で開催されました。

五三年一二月、アイゼンハワー大統領は国連で核の平和利用を訴えています。ここから原子力発電の歴史がはじまりますが、それは核開発競争と核兵器の使用に対する人びとの抵抗を和らげようとするねらいがあったと指摘されます。核兵器など高価な先端技術兵器の開発は、軍と産業界の結びつきを強めます。アイゼンハワーは六一年の大統領引退演説で、この結合を軍産複合体と呼んで、その危険性を警告しました。

14

世界に進出するアメリカ文化

ウォルト・ディズニー
（切手、1968年）

第二次世界大戦後、アメリカ文化は急速に世界各地に広まりました。映画はその代表で、そこに映るアメリカの生活を、人びとはあこがれて見ました。アメリカの音楽やスポーツなども人びとの心をとらえます。そして着る物や食べ物、そして生き方にまでアメリカン・スタイルが広まっていきました。

Q1 大リーグには、かつては黒人選手がいなかったのですか。

A1 大リーグだけでなく、プロフットボールやプロバスケットボールにも黒人の選手はいませんでした。野球の場合、黒人は大リーグとは別の黒人選手だけのニグロ・リーグ*というプロ野球リーグでプレーしていたのです。黒人でただひとり最初に大リーガー選手となったのは、一九四七年からブルック

*……一八八五年にニューヨークで黒人だけのプロ野球チームが誕生したのを皮切りに、全米各地の黒人プロ野球チームからなるニグロ・リーグが発足した。ニグロ・リーグは実力も人気もあり、各地に遠征、戦前に来日もしている。

◆映画「42～世界を変えた男～」（二〇一三年、監督B・ヘルゲランド）　ジャッキー・ロビンソンの生涯を描く。

リン・ドジャースで活躍したジャッキー・ロビンソンでした。

　黒人に対する差別が当然とされていた時代、彼はプレーだけでなく、人種差別とも闘わなければなりませんでした。白人の観客や選手から差別的な言葉を浴びせられ、家族にも脅迫めいた嫌がらせがありました。それでも差別に耐え、ひたむきにプレーするジャッキーを見て、チームメイトの態度は変化し、観客も大きな声援を送るようになります。

　入団の年ジャッキーは打率二割九分七厘、本塁打一二本、打点四八をあげ、チームはリーグ優勝、そして彼はこの年から設けられた新人王に選ばれました。ジャッキー・ロビンソンは一〇年間ドジャースでプレーし、引退後は妻とともに人種差別をなくすための運動にも積極的に参加しました。

　彼の背番号42は、現在大リーグの全チーム共通の永久欠番とされ、彼が初めて大リーグの公式戦に出場した四月一五日は「ジャッキー・ロビンソン・デー」*となっています。

ジャッキー・ロビンソン

*……この日には大リーグのすべての試合で、希望する全選手が42の背番号をつけてプレーをする。

Q2 「赤狩り《レッド・パージ》」に抵抗した映画人がいるのですか。

A2 アメリカでは第二次世界大戦中も好景気に支えられ、多くの映画がつくられました。映画がつくられたカリフォルニアのハリウッドは「映画の都」と呼ばれ、三〇～四〇年代には名作『風と共に去りぬ』や『駅馬車』、『市民ケーン』、『カサブランカ』などがつくられました。

戦後の四六年にはウィリアム・ワイラー監督の『我らの生涯の最良の年』が、アカデミー賞作品賞に選ばれました。この作品は三人の復員軍人の社会復帰を描いたもので、ハッピーエンドの映画です。とくに戦争の悲惨さを取り上げたものではないのですが、「赤狩り」で批判を浴びました。

共和党の上院議員マッカーシーたちは、共産主義者であれ自由主義者であれ、戦争に批判的な映画人を排除しようとしたのです。しかし、「赤狩り」の先頭に立った非米活動調査委員会に、断固として抵抗した人々がいました。「ハリウッド・テン」と呼ばれた監督・脚本家のビーバーマンら一〇人です。「赤狩り」は合衆国憲法に反するとして委員会が組織され、監督のウィリアム・ワイラーやジョン・ヒューストン、多くの有名な俳優が委員会を支持しました。しかし大手映画会社が「赤狩り」を容認すると、ハリウッドには非米活動委員会に協力する裏切りと密告が横行するようになりました。協力しない映画人は仲間から排除され、仕事を奪われたのです。

そのなかで脚本家のドルトン・トランボは、非米活動調査委員会への非協力を貫き、刑務所に入ります。ワイラーは、トランボが名前を隠して書いたシナリオ*『ローマの休日』を制作します。王女と新聞記者のロマンスを描いた

映画『ローマの休日』の一場面

＊……『ローマの休日』で人気を博したオードリー・ヘプバーン（一九二九～九三年）は、第二次世界大戦中の少女時代にはオランダでレジスタンス運動に協力し、晩年にはユニセフ親善大使として難民や孤児救済に関わった。

『ローマの休日』は、「赤狩り」に抵抗し、人間への信頼を讃《たた》えた映画でもありました。

Q3 プレスリーはなぜ人気を集めたのですか。

A3 エルヴィス・プレスリーは、「キング・オブ・ロックンロール」と呼ばれ、ロックンロールの普及に大きく貢献し、ビートルズなどさまざまなアーティストに影響を与えました。

ロックンロールのはじまりとしては、一九五〇年代半ばに発表された、ビル・ヘイリーの「ロック・アラウンド・ザ・クロック」があげられます。ロックンロールは黒人の音楽であるリズム&ブルースと、白人の音楽であるカントリー&ウェスタンが結びついた音楽で、激しいリズムが従来の音楽に飽き足りない若者たちをとらえました。

ロックンロールは五〇年代に黒人のリトル・リチャードやチャック・ベリーなどによってさかんになり、そこへ黒人のように歌う南部の白人青年エルヴィスが登場しました。ギターを弾き、腰を大きく振りながら歌うスタイルは保守層の反発を買いましたが、若者たちの熱狂的な支持を集めました。ロックンロールはそのファッションや髪型も、若者の心をとらえました。

プレスリー（一九五七年）

◆映画『エルヴィス・オン・ステージ』（一九七〇年、監督デニス・サンダース）　エルヴィス復帰のライヴ公演を記録したドキュメンタリー映画。リハーサルや舞台裏の様子も収められている。

六〇年代に入るとロックンロールは進化し、中心はイギリスに移ってビートルズなどを生み、ロックと呼ばれるようになりました。エルヴィスは多くの映画にも出演し、六〇年代のスランプを乗り切って七〇年代にコンサート・ツアーを再開します。しかし一九七七年、不整脈により四二歳で亡くなりました。

Q4 ウォルト・ディズニーは漫画家だったのですか。

A4 ミッキーマウスやドナルド・ダックが愛嬌をふりまくディズニーランド*は、一九五五年にロサンゼルスの郊外に開園しました。ウォルト・ディズニーはハリウッドの自宅の広大な敷地に、レールを敷いて八分の一の模型の蒸気機関車を走らせていました。大人も楽しめる遊園地をつくる構想は、そうしたなかで生まれたようです。

ウォルトは少年時代から絵を描くのが好きで、第一次世界大戦にアメリカが参戦すると未成年ながら志願し、赤十字の衛生兵となりました。帰国後は漫画家をめざしますが、仕事はなかなかありませんでした。ウォルトは広告会社に仕事を見つけ、アブ・アイワークスと知り合いました。二人はウォルトの兄ロイの資金援助で独立し、アニメ映画の製作をはじめます。絵を描くのはアブ、アイデアを出し売りこむのはウォルト、経理はロイという分業体制でした。

＊……現在ディズニーランドは、カリフォルニア、フロリダ、パリ、東京、香港の五カ所にある。一九七〇年代以降、アメリカのディズニーランドに日本人客が増加する中、八三年に千葉県浦安市に東京ディズニーランドが開園した。九〇年代後半以降は中国人客が増加したため香港に、さらに二〇一五年には上海にも開園する予定である。

一九二八年、短編アニメ『蒸気船ウィリー』が大ヒットします。これは最初に公開されたミッキーマウスのアニメでした。アブとウォルトの共同制作でしたが、ウォルトだけが生みの親とされ称賛されます。このことが原因で二人は数年後に別れることになり、アブの後継者たちの描き手も同じような扱いを受けます。三七年には、世界初の長編カラーアニメ『白雪姫』が大ヒットしました。

第二次世界大戦ではウォルトは積極的に政府に協力し、ミッキーを使った戦争プロパガンダ映画をつくります。また、戦後の「赤狩り」の時代には軍や政府に協力し、ハリウッドの映画人の思想についての密告者でもあったともいわれます。自社の労働組合とは対立し、黒人や女性は会社の主要なポストにはつかせませんでした。

一九三七年制作の予告編で小人の紹介をするウォルト・ディズニー

Q5 ハンバーガーはアメリカで生まれたのですか。

A5 ハンバーグステーキ*は、一九世紀にドイツ人移民がアメリカにもたらしたといわれます。これを丸パンではさんだハンバーガーは、アメリカで誕生しました。ハンバーガーが国民食のように広がったのは、ハイウェーが整備され、郊外に住宅がつぎつぎと建設された一九五〇年代です。ハイウェー沿

*……前身は、生の牛肉をたたいたタルタルステーキ。これにドイツで玉ねぎのみじん切りなどを混ぜて焼いたものが、ハンバーグステーキである。名称はドイツ移民が多く出航した港町ハンブルクに由来する。

いにはレストランが建設されていきました。

そうしたなか、カリフォルニアのマクドナルド兄弟のハンバーガー店は、多くの客をうまくさばき、回転がよいことで評判となりました。フォードの自動車生産方式にならった分業と流れ作業によって、注文からまたたく間にハンバーガーを客に提供するシステムです。

この兄弟のやり方に注目したのが、クロックでした。クロックは兄弟のシステムをフランチャイズ形式にして売ることを勧めます。そして一九五五年にマクドナルドの第一号店が開店しました。アメリカでは当時から車**に乗ったままハンバーガーを購入し、車の中で食べるのが基本でした。クロックは家族向けの店をめざし、子どもが喜ぶさまざまな工夫をしました。マクドナルド兄弟は全権利をクロックに売却して引退しました。

今日、マクドナルドの重要な顧客は若者や低所得者層です。しかしハンバーガーやフライドチキン、ピザなどのファストフードは、高カロリーで栄養のバランスを欠いた食品だとして健康への問題が指摘されています。アメリカでは国民の三分の一が肥満といわれ、とりわけ子どもの肥満が激増しており、将来は肥満が原因の心臓病や糖尿病などの患者が増大すると心配されています。

初期のマクドナルド店舗

**……日本でマクドナルドの一号店が銀座に開店したのは一九七一年。アメリカのように郊外型ではなく、繁華街につくる経営戦略がとられた。

◆映画『スーパーサイズ・ミー』（二〇〇四年、監督・出演モーガン・スパーロック） 監督自身が実験台となって、三〇日間三食マクドナルドの商品だけを食べ続ける実験を行った。さて、体重一一キロ増の他に起きたことは？

15 平等を求めて

キング牧師

第二次世界大戦後も、アメリカの南部では黒人への差別が公然とつづきました。選挙権は行使できず、学校も白人とは別、レストラン、ホテル、乗り物、トイレなども、白人と同じように使うことはできませんでした。
公民権運動はこうした黒人に対する差別を撤廃し、アフリカ系アメリカ人の人権を保障することを目的として展開されました。

Q1 バス・ボイコット事件とは何ですか。

A1 一九五五年一二月一日、アラバマ州の州都モントゴメリーでのことです。市営バスに乗っていたローザ・パークスは、あとから乗車した白人のために席を立つようにと、運転手から指示されました。市の条例では人種別に席が分けられ、混んできた時には黒人は白人に席を譲ることになっていたのです。

これは席を「分けただけのことで、平等である（分離すれど平等）」というのが、このきまりを正しいとする理屈でした。しかしローザは立つことを拒否しました。差別はもう我慢できないものになっていたのです。運転手は警察を呼び、彼女は逮捕されました。

ローザの逮捕を知った人びとは、これを公民権獲得のチャンスに、と立ち上がりました。指導者となったのが、モントゴメリーの教会に赴任《ふにん》したばかりのマーティン・ルーサー・キング・ジュニア牧師、二六歳でした。彼らは市営バスへの乗車拒否を呼びかけました。料金の安いバスは黒人の通勤の足です。しかし多くの黒人が、行きも帰りも歩いて職場に通いました。ボイコットは約一年間も続きました。自分の車に黒人を乗せて送る白人もいました。客を失った市のバス事業は大赤字です。そして五六年一一月、連邦最高裁判所はモントゴメリーの人種隔離政策に違憲判決を下しました。この事件は黒人の長期の団結による勝利となり、公民権運動を大きく前進させる第一歩となりました。

今ではローザが乗っていたバスは、デトロイト郊外にあるヘンリー・フォード博物館で見ることができます。一九九九年、ローザはアメリカ連邦議会から偉大なアメリカ市民に贈られる金メダルを授与され、モントゴメリーにはローザ博物館がつくられました。

ローザ・パークス（一九五五年）

ローザの乗ったバス（ヘンリー・フォード博物館）

Q2 キング牧師はなぜ非暴力主義をとったのですか。

A2 彼はジョージア州アトランタで生まれ、父親も牧師でした。プロテスタントのキリスト教徒として育ち、大学在学中に牧師となります。彼は黒人差別撤廃は神の意思であると信じ、それはガンディーのような非暴力*・直接行動によるものでなければならないと考えました。

キングは、正義を実現するには正義の手段に訴えるべきだといいます。その原点にはキリスト教徒としてすべての者、自分を迫害する者、敵すらをも愛すべきであるというイエスの教えがありました。逮捕され暴力をふるわれても、その人を憎むことなく、愛という武器を使わなければならないというのです。

バス・ボイコット運動や、黒人に対して接客をしないレストランでの「座り込み《シット・イン》」運動、バス座席の人種隔離に対する「自由のための乗車《フリーダム・ライド》」運動も、こうした考え方とつながっていました。六三年、キングはアラバマ州のバーミングハムでボイコット、座り込み、デモ行進を指導します。白人たちの生々しい残虐な行為がテレビ等で報道されると、運動に共鳴する声が高まりました。

**一九六三年のワシントン大行進は、公民権法成立を求める声の高まりをケネディ政権に訴えたものです。集会の最後、キングの演説「私には夢がある」は、

*……ガンディーやキングの非暴力・直接行動に影響を与えたのは、アメリカの思想家ヘンリー・デイヴィッド・ソロー（一八一七〜一八六二）である。彼は自分の意思に反して兵役などを課してくるアメリカ国家に反発し、自然の中にこそ人間の自由があると考えた。彼の著『市民的不服従』や『ウォルデン』はガンディーやキングにも感銘を与えた。そこにある既存社会への抵抗は、先住民の思想と共通するものがあり、六〇年代以降若者たちにも支持された。

**……一八六三年の奴隷解放宣言から一〇〇年たっても差別が続いていることを訴えた。

ワシントン大行進

「自由と平等の国アメリカ」を信じる人びとの心をゆり動かしました。

二年前の六一年、冷戦下に就任したケネディ大統領は、外交政策を重視していました。黒人差別を解消しなければ、世界におけるアメリカの威信は失われてしまいます。彼は公民権法の成立を進め、暗殺後の翌六四年、ジョンソン大統領のもとで公民権法が成立しました（↓一二五ページ）。

◆映画『ミシシッピー・バーニング』（一九八八年、監督アラン・パーカー）六四年、ミシシッピ州で起きた、KKKによるユダヤ系学生二名と黒人学生一名の虐殺事件捜査を描く。

Q3 マルコムXとはどんな人なのですか。

A3 本名マルコム・リトル。一九四八年、二三歳のときにイスラーム教に改宗し、五二年、二七歳のときにネーション・オブ・イスラーム教団[＊]から「X」の姓を授かり、マルコムXと名乗るようになりました。アフリカから連れてこられた黒人は奴隷風の名前をつけられましたが、「X」は未知数のXの意味で、本来の姓が失われたこと、不明なことを表していました。

彼の父は牧師でしたが、人種差別主義者に殺されました。高校を中退したマルコムはニューヨークに出て犯罪に手を染め、二〇歳のときに強盗でつかまります。ネーション・オブ・イスラーム教団の運動と出会ったのは刑務所の中で、刑務所内の図書館でたくさんの本を読み、辞書を写して幅広い知識と教養を身につけました。

マルコムX（切手）

＊……ボクシングの世界ヘビー級王者カシアス・クレイは、この教団に入会し、モハメド・アリと改名した。以前からアリはマルコムXと知り合い、親交を深めていた。

マルコムXは黒人解放運動の指導者となりますが、教団の教えは白人を敵視し、キングの唱える白人と黒人の協力、宥和《ゆうわ》や非暴力主義とは対立するものでした。ワシントン大行進では公民権法の成立が最優先とされたため、南部の白人たちの暴力を見逃してきた政府への批判などは抑えられたのです。

その後教団を脱退したマルコムXは、メッカ巡礼やアフリカの独立運動の指導者などとの交流を通して視野を広げ、白人敵視を撤回、公民権運動やキングと手を結ぶこと、国連で人種差別の実態を訴えることを考えました。しかし六五年、彼はニューヨークで演説中、教団のメンバーによって暗殺されました。六〇年代後半、全米各地の黒人スラムで暴動が続発します。公民権法が成立しても、黒人の厳しい現実は容易に改善されませんでした。

◆映画『マルコムX』（一九九二年、監督スパイク・リー、主演デンゼル・ワシントン）本人と作家アレックス・ヘイリーの共著の自伝を原作に暗殺までを描く。

Q4 「レッド・パワー」とは何のことですか。

A4 一九六〇年代後半から、「ブラック・パワー」をスローガンとする黒人解放運動が展開され、同時期に起きた先住民の権利回復要求運動を「レッド・パワー運動」と呼びます。

一九五〇年代、先住民政策は連邦政府から州の管轄下に置かれるようになりました。連邦補助金は打ち切られ、先住民のなかにはわずかな給付金をもらって保留地を出て、都市の貧困層となった人たちもいます。六一年にシカゴで開催された全国規模の先住民の会議で、「*インディアンの目的宣言」が発表され、諸部族への土地の返還や自治の権利などの要求が掲げられました。そしてこの会議の直後に全国インディアン青年会議が結成され、ダム建設反対運動や漁業権をめぐる運動などを前進させることになりました。

レッド・パワーのなかでも有名なのは、六八年に若いデニス・バンクスらによって創設されたアメリカ・インディアン運動（ＡＩＭ）です。彼らは六九年にサンフランシスコ湾のアルカトラズ島占拠、七三年には一八九〇年にスー族が虐殺されたウーンデッド・ニー（↓六四ページ）占拠、サンフランシスコからワシントンまでのデモ行進など大規模な行動をおこなって、テレビや新聞の報道を通して先住民の権利回復をアピールし、広く海外にも知られました。

映画俳優のマーロン・ブランドは、こうした運動を積極的に支援しました。彼は七二年に映画『ゴッドファーザー』でアカデミー主演男優賞に選ばれましたが、受賞を辞退。アメリカ映画作品における人種差別問題、とくに先住民の扱いに抗議してのことでした。

Q5 アメリカの女性の地位は高くはなかったのですか。

＊……先住民の復権運動の中では、「インディアン」という呼称が差別用語としてではなく、先住民としての自覚的なアイデンティティの拠り所として積極的に使われる。また「ネイティブ・アメリカン」という呼称は、彼らの自称ではなく、北米先住民に特定もできないため、拒否されている。

ＡＩＭの旗
黒、黄、白、赤の４色はそれぞれ、四つの方角と、黒人、東洋人、白人、インディアンの連帯を示している。

A5 アメリカは建国以来女性の権利が強く、男女平等だったと思われがちです。しかしこれは違います。植民地時代から、女性は家事と育児に専念し夫に従属していればよい、という考え方が主流だったのです。アメリカで白人男性の普通選挙が実現したのは一九世紀の前半で、女性参政権が実現したのは第一次世界大戦後の一九二〇年のことです。しかしヘレン・ケラー（↓一四八ページ）のような社会主義者は、参政権だけでは不十分と考えていました。

第二次世界大戦後、女性労働者が増加し、女性があらゆる分野で活躍するようになりました。しかし五〇年代になると、反動的な風潮のなかで男性に都合のよい女性像が宣伝されるようになります。そうしたなか、一九六三年に出版されたベティ・フリーダンの著作『フェミニン・ミステーク』は、「結婚こそが女性の幸せ」という風潮に疑問を投じて多くの女性を目覚めさせ、女性解放運動のバイブルとなりました。

公民権運動やヴェトナム反戦運動では、女性が大きな役割を担いました。六六年には全国女性機構（ＮＯＷ）が結成され、フリーダンが初代会長に就任しました。そして取り組んだのが、法の下の平等をうたった男女平等の憲法修正案です。しかし、この修正案は七二年に連邦議会を通過したにもかかわらず、憲法修正の成立に必要な四分の三の州の承認が取れず、廃案となってしまいました。驚くべきことですが、アメリカの憲法には男女平等がうたわれてないの

ベティ・フリーダンと全国女性機構

です。

こうした女性解放運動（ウーマンリブ）、男女同権主義（フェミニズム）と呼ばれた活動は、多くの女性の意識を変えました。実際、これ以降の女性の社会進出は目覚ましいものがあります。しかし一方で、中産階級の白人女性が主張する女性解放は、簡単には男女平等を主張できない黒人女性や貧しい女性の共感を呼ぶものではなかったことも指摘されています。

＊……一九七二年、フェミニストの雑誌『ミズ（Ms.）』が発刊された。ミズ（Ms.）とは、男性には未婚、既婚を問わずミスター（Mr.）の敬称が使われることに対して採用された女性の敬称。女性についてのみミス、ミセスと未婚、既婚を区別する敬称は、現在では使用されなくなりつつある。

16 激動の一九六〇年代

ケネディ大統領（1963 年）

一九六〇年代はケネディ政権ではじまりました。冷戦は深刻化し、ベルリンには町を分断する壁が構築され、キューバ危機も起こりました。ヴェトナム戦争が泥沼化するなか、反戦運動や公民権運動などが盛り上がり、若者が立ち上がります。

Q1 キューバ危機とは何ですか。

A1 一九五九年、キューバでカストロらによる革命*が成功し、親米で独裁者のバティスタ政権が倒されました。これに対しアメリカは、キューバの主要輸出品である砂糖の輸入を減らして革命政権を倒そうとしました。しかし、ソ連が高価格で砂糖を大量購入して助けます。アメリカの高圧的姿勢と敵視政

＊……アメリカに亡命した反カストロ派のキューバ人は二〇万人にのぼる。CIAは彼らに軍事訓練をおこない、六一年四月、ケネディ政権はそのキューバ侵攻を支援したが、キューバ軍に撃退された（ピッグス湾事件）。亡命キューバ人の多くがフロリダ州マイアミに住み、キューバ人の大きなコミュニティーが形成されている。

策が、革命政権を急速に社会主義に近づけることになりました。六一年アメリカはキューバと断交し、反カストロ勢力を支援しましたが、失敗に終わりました。

六二年一〇月、アメリカのU2型偵察機が、キューバに建設中のソ連製ミサイルの基地の写真を撮りました。この基地はキューバがアメリカの侵略から自国を守るため、ソ連に要請したものでした。ソ連としても、アメリカの対ソミサイル包囲網に対抗してのことでした。このミサイル基地はアメリカ本土を射程範囲とし、アメリカにとっては大変な脅威です。戦争を予想させる危機的な緊張が生まれました。

このキューバ危機に際し、アメリカの軍関係者は軍事侵攻か奇襲攻撃を主張しました。そうなれば核戦争となる第三次世界大戦は避けられません。ケネディ大統領は軍の主張を抑え、キューバ周辺の公海上の海上封鎖、及びソ連船への臨検をおこなうことでソ連船の入港を阻止することを決定し、一方でソ連とミサイル撤去交渉をはじめました。

ソ連のフルシチョフ首相は、こうしたアメリカの強い姿勢に対し、アメリカがキューバの革命政権に対し軍事行動をしなければミサイルを撤去する、という妥協案を提案します。アメリカはキューバへの武力侵攻をしないことを約束し、ミサイルは撤去されることになりました。しかしこの交渉について、

キューバのソ連製ミサイル発射基地（米軍撮影）

◆映画『13デイズ《サーティーン》』（二〇〇〇年、製作・主演ケヴィン・コスナー）　キューバ危機の下緊張した米ソの交渉が続いた一三日間を描く。

キューバには何の相談もありませんでした。

Q2 アメリカは、なぜヴェトナム戦争をはじめたのですか。

A2 ヴェトナムは第二次世界大戦までフランスの植民地で、戦争中日本軍の占領下に置かれると、ホー・チ・ミンはヴェトナム独立同盟を組織して日本と戦いました。

日本の敗北後、ヴェトナムは独立を宣言します。しかし、フランスが支配を継続しようと舞い戻ったため、インドシナ戦争がはじまりました。一九五〇年、アメリカはフランス軍への援助を発表します。それは西ドイツの再軍備にフランスの支持を必要としたからでした。また、四九年には新中国が成立し、アジアにも社会主義勢力が拡大していました。

アメリカは、もしヴェトナムが共産主義化すれば隣国もつぎつぎと共産主義化するという「ドミノ理論」を根拠に、ヴェトナムに介入しました。「介入」とは南ヴェトナム政権を軍事的に支援することです。ケネディ政権にとっては、キューバの革命政権打倒を計画したピッグス湾侵攻の失敗や、「ベルリンの壁」構築というソ連がとった強硬策に対抗する必要もありました。

一九六五年、*アメリカは大量の戦闘部隊の投入と北ヴェトナムへの爆撃（北

B-52によるヴェトナム爆撃

*……ヴェトナムに派遣されたアメリカ軍は、一九六〇年には皆無だったが、六五年には一九万人、六六年には三九万人、六八年には五四万人と急増し、休戦時までにのべ三〇〇万人を超えた。これは南シナ海で戦闘任務についていた海軍の兵員や、ヴェトナムへの攻撃・後方支援をしていたタイや沖縄などの後方基地のアメリカ軍人員を含まない数である。

爆）に踏み切ります。北爆開始の理由は、アメリカの軍艦が北ヴェトナムの魚雷艇から攻撃を受けたという前年のトンキン湾事件でしたが、実際に攻撃があったのか疑問が出されています。アメリカはこの戦争を共産主義から自由を守る正義の戦争だと宣伝しましたが、ヴェトナムの人びとの民族独立と統一への願い、彼らの抵抗の歴史を考えることはありませんでした。

Q3 反戦運動が大きくなったのはなぜですか。

A3 ヴェトナム戦争では、それまでになく反戦運動が高まりました。ひとつには国民が戦争をテレビで目の当たりにしたからでした。テレビや新聞などの報道は、これが本当に正義の戦争なのかという疑問を全米に広げました。

一九六五年に北爆が開始されると、世界中で大規模な反戦運動が展開されるようになりました。国内では当初、反国家的と批判された反戦運動が徐々に拡大し、全米各地で大規模なデモや集会がおこなわれるようになります。さらに六八年にアメリカ軍が住民五〇〇人以上を殺害したソンミ村虐殺事件が報道されると、反戦運動はいっそう激化しました。

ヴェトナム反戦運動は、さまざまな社会運動と連動して広がりました。とくに大学の自治を求める学生たちの学園紛争と結びつきました。それは当時の若

◆映画『ディア・アメリカ 戦場からの手紙』（一九八七年、監督ビル・コーチュリー）平均年齢一九歳という若いアメリカ兵たちが、戦場から家族や友人、恋人に宛てた手紙の朗読と当時の流行歌をバックに、生々しい戦場の映像が映し出され、心を揺さぶる。さまざまの証言と映像からなる『ハーツ・アンド・マインズ』と並ぶヴェトナム戦争のドキュメンタリー映画。

ジョーン・バエズ（左）とボブ・ディラン

者にとって、徴兵制*が大きな問題だったこともあります。またキング牧師が反戦デモに参加するなど、公民権運動とも結びつきました。除隊した帰還兵たちも反戦運動を担い、フォークソングやファッションも運動を広げ、歌手のジョーン・バエズやボブ・ディラン、ピーター・ポール&マリーらが若者から支持されました。

アメリカ政府や軍は戦場における将兵の士気の低下、国内外の反戦運動、テレビや新聞などメディアの生々しい報道に直面します。そのため、その後の湾岸戦争やイラク戦争などでは、マスコミに厳しい報道統制がしかれるようになりました。

Q4 ケネディ大統領が公民権法を成立させたというのは本当ですか。

A4 違います。ケネディ大統領は公民権法案を議会に提出していましたが、一九六三年一一月、南部テキサス州のダラスで暗殺されました。大統領は公民権法の成立をめざしたため南部の反感を買ったのだともいわれますが、真相は不明です。人種差別はアメリカの国際的評価を下げ、差別に対する黒人たちの不満は爆発寸前でした。副大統領から昇格したジョンソン大統領はヴェトナム介入を強める一方、公民権法の成立をめざします。

*……アメリカでは南北戦争以来、戦時のみ徴兵制がとられてきたが、ヴェトナム戦争では若者の徴兵拒否者と軍からの脱走者が激増した。日本でも、国内の米軍基地から脱走した兵士をかくまう反戦運動があった。
徴兵拒否や脱走は、五年から一〇年の投獄を覚悟しなければならなかった。徴兵制はヴェトナムから撤退した一九七三年に廃止された。現在は志願制だが、高校中退者や貧しい家庭の子弟の志願が多い。

◆映画『帰郷』（一九七八年、監督ハル・アシュビー、出演ジョン・ボイド、ジェーン・フォンダ）既婚女性を軸に、下半身麻痺となり反戦運動をおこなう兵士や酒びたりの日々を送る帰還兵士など、帰還後の兵士、家族の葛藤を描く。

公民権法に署名するジョンソン大統領（一九六四年）

彼は一世紀ぶりの南部出身の大統領で、経歴や性格はケネディとはまったく異なっていました。ジョンソンは名門一族や有名大学の出身ではなく、育ったテキサスで見た貧困や人種差別が彼の政策に影響を与えたといわれます。

一九六四年、ジョンソン政権のもとで人種・宗教などによる差別を違法とする公民権法が成立しました。さらに六五年には投票権法が成立し、それまでのように黒人から投票権を奪うようなことはできなくなりました。ジョンソンは「偉大な社会《グレート・ソサエティ》」の建設をめざし、「貧困に対する戦い」*に取り組みます。貧困対策として経済機会法、メディケア（老人医療制度）とメディケイド（貧困者医療制度）の導入、アジア系移民に門戸を開いた移民法などがありました。

これらの改革を支えたのが、公民権運動を中心とするさまざまな運動の盛り上がりでした。公民権法の成立により南部は激変しますが、ほかの地域での日常的な差別は変わりませんでした。白人より賃金が安く、失業率も高い黒人たちの不満は六五年以降、人種暴動として爆発することになります。

Q5 ウッドストックのフェスティバルとは何ですか。

A5 一九六九年八月、ニューヨーク州ウッドストックの近郊の丘で、三日間にわたり開催された大規模な野外ロックコンサートのことです。三〇万

＊……ジョンソン政権は雇用、登用などに際して差別されてきた人びとを優遇する政策（アファーマティヴ・アクション）を積極的に進めようとした。次のニクソン政権時代には、企業や団体が黒人や女性の雇用、昇進を目標を設けて進めた。大学でもマイノリティの学生の入学には特別の基準が設けられるようになった。その後こうした政策を「逆差別」だとする批判も生まれ、九〇年代以降は見直しの動きも現れた。アファーマティヴ・アクションが黒人の中産階級の拡大に寄与したことは確かだが、一方で黒人間における貧富の差、社会格差を拡大したことが指摘される。

ウッドストック・フェスティバル初日

とも四〇万人ともいわれる観客を集め、アメリカの音楽史に残るコンサートとなりました。

ジェファソン・エアプレン、クリーデンス・クリアー・ウォーター・リヴァイヴァル、スライとファミリーストーン、ジミ・ヘンドリックス、ジョーン・バエズなど三〇組以上のロック・グループ*やフォーク歌手などが出演し、予想外の観客数のため事実上の無料コンサートになりました。

当時は公民権運動やヴェトナム反戦運動があり、若者たちは大人社会の既成の価値観に飽き足らず、対抗的な若者文化**が生まれていました。ヒッピーと呼ばれた若者たちは、長髪にTシャツ、ジーンズというスタイルで、物質主義的で好戦的なアメリカを拒否し、コミューンをつくったり、ドラッグやフリーラヴを主張したりしました。そして、この時代に若者たちに圧倒的に支持された音楽が、黒人音楽をベースとするロックでした。

ウッドストックの会場への道は渋滞し、雨のためプログラムは大幅に遅れ、観客はドラッグや食べ物などを分け合いながら音楽を楽しみました。

七〇年代以降、ロックは多様化し商業主義に大きくのみこまれ、当時存在した反体制的な要素やメッセージ性などは希薄になっていきます。ウッドストックに代表される若者たちによる一種の文化革命は、現代アメリカの社会や文化を語るうえで欠かせません。

*……ヴェトナム戦争とロック音楽は密接に結びついている。映画『地獄の黙示録』ではドアーズの「ジ・エンド」が使われた。クリーデンス・クリアー・ウォーター・リヴァイヴァルは議員の息子などの徴兵免れを皮肉った「フォーチュネイト・サン」や、空爆を雨にたとえた「フール・ストップ・ザ・レイン」、「ハヴ・ユー・エヴァー・シーン・ザ・レイン」を歌った。他にもマーヴィン・ゲイの「ワッツ・ゴーイング・オン」やボブ・ディランの「風に吹かれて」などがヴェトナム戦争に関わる歌としてあげられる。

**……一九六〇年代、アメリカを中心に生まれた従来の大人の文化に抵抗する若者の文化を、カウンター・カルチャーと呼ぶ。

◆映画『ウッドストック／愛と平和と音楽の三日間』(一九七〇年、監督マイケル・ウォドレー、編集マーティン・スコセッシ) 第43回アカデミー賞長編ドキュメンタリー映画賞を受賞している。

17 一九七〇年代のアメリカ

ヴェトナムに枯葉剤を散布する米軍機（1963年）

ヴェトナムからの敗退、オイルショック、日常生活では失業とインフレが深刻化し、人々を苦しめることになります。政府や軍、大企業への不信が広がるなか、イランでアメリカ大使館人質事件がおこり、ソ連軍のアフガニスタン侵攻で緊張が高まりました。スリーマイル島の原発事故後には、環境保護運動が勢いを増しました。

Q1 ヴェトナム戦争はアメリカに何をもたらしたのですか。

A1 一九七三年にパリ和平協定が成立し、米軍はヴェトナムから撤退を開始します。しかし戦闘はその後も続き、七五年にサイゴン*政権が崩壊して、戦争は終わりました。アメリカはこの戦争に延べ三〇〇万人を超える兵力を送りこみ、一五〇〇億ドルの戦費をつぎこみました。

*……サイゴンはアメリカに支援されたヴェトナム共和国（南ヴェトナム）の首都、現在はホーチミンと改称した。

そして、戦死者数**は約五万八〇〇〇人。ヴェトナム戦争は、アメリカにとって史上はじめての「敗戦」となりました。巨大な戦費は財政赤字を拡大し、ドルの信用を低下させました。一方、ヨーロッパや日本などの経済発展はめざましく、世界経済におけるアメリカの支配力は勢いを失っていきました。

国際政治でもアメリカの指導力は弱まり、ニクソン政権は、七二年には冷戦政策を転換して、中国への接近をはかりました。国内では政府や大企業に対する国民の不信と怒りの声が高まり、七三年には政府の一方的な派兵を防止するための戦争権限決議***が可決されました。

ヴェトナム帰還兵は国民からねぎらいも感謝もされず、「ベビー・キラー」と罵《ののし》られたりしました。そしてヴェトナム症候群と呼ばれる帰還兵特有の精神疾患が問題になりました。精神過敏や倦怠感《けんたいかん》、記憶の喪失などのため、働けなくなった人や自殺をはかった人もたくさんいます。緊張の連続の戦場から、普通の市民生活への復帰ができなくなるのです。帰還兵の麻薬やアルコール中毒、犯罪、そしてホームレスなどが増加しました。社会のモラルが低下し、アメリカ全体が明るさと自信を失ったといわれます。

Q2 ドル・ショックとは、どんなことですか。

**……ヴェトナム人の死者は一九〇万人、多くみると四〇〇万人という説もある。そしてカンボジア、ラオスからも何十万人もの犠牲者が出た。

***……一九七三年に成立した両院合同決議。大統領が海外に派兵した場合、議会の承認が得られない場合は、六〇日以内に派兵を中止しなければならない。戦争を行使する大統領権限に歯止めをかけ、連邦議会の監視機能を高めることを目的として生まれた。

◆映画『七月四日に生まれて』（一九八九年、監督オリバー・ストーン、主演トム・クルーズ）　ヴェトナム戦争で脊髄を損傷し、車椅子生活となった若い帰還兵が、自暴自棄の生活から反戦運動に立ち上がる。同名の自伝的小説の映画化。

ニクソン・ショックともいいます。アメリカのドルは、戦後世界の基軸通貨となってきました。それはアメリカが膨大な量の金を保有し、各国通貨のなかでドルだけが金と交換できるという信用があり、ずば抜けた経済力を持つからでした。これは第二次世界大戦末期の一九四四年七月、ニューハンプシャー州のブレトン・ウッズで開かれた連合国四四カ国による会議の決定によるため、ブレトン・ウッズ体制と呼びます。

しかし一九七一年八月一五日、ニクソン大統領は、それまでの一オンス＝三五ドルという固定比率によるドルと金の交換を停止する、と発表しました。この大転換は、予告もなく、世界経済は大きく混乱しました。戦後一ドル三六〇円という固定相場で輸出を伸ばしてきた日本にも、大打撃となりました。

アメリカは、朝鮮戦争や冷戦下の西側諸国への軍事・経済援助のためにドルを使い、ヴェトナム戦争と貿易赤字でもドルの海外流出が進みました。ドルの流出に反比例してアメリカの金保有は減少し、世界経済の大原則である金とドルの交換が難しくなったのです。

四カ月後の七一年一二月、ドルは一オンス＝三八ドルに切り下げられました。連動して、主要各国通貨の為替レートは逆に切り上げられることになり、円は一ドル三〇八円となりました。さらに七三年、固定相場制は変動相場制に変わり、為替レートは通貨の需給によって毎日変動するようになりました。ＥＣ

ドルの暴落

年	1975	1980	1985	1990	1995	2000	2005	2010	2012
1ドル＝(円)	305.15	203.60	200.60	135.40	103.95	115.75	119.07	82.49	87.58

（欧州共同体）諸国や日本の追い上げによってアメリカの国際競争力は低下し、多国籍企業化した企業からは膨大な赤字が生まれました。

Q3 ニクソンはなぜ大統領を辞任したのですか。

A3 共和党のニクソン大統領はヴェトナム戦争を終結させ、中国との国交樹立の足がかりをつくり、冷戦下での新しい国際秩序をつくりだそうとしました。そして七二年一一月に再選されましたが、ウォーターゲート事件によって辞任することになりました。

大統領選挙中の七二年六月、民主党の本部があるワシントンのウォーターゲート・ビルに、五人の男が盗聴器を仕掛けようと侵入して逮捕されました。侵入犯たちはニクソン再選委員会の幹部やニクソン政権、ＣＩＡ（中央情報局）と関係がありました。当初ニクソン大統領とホワイトハウスのスタッフは、「侵入事件と政権とは無関係」との立場を取りました。しかしワシントン・ポストなどの取材によって、政権の関与と司法妨害が明らかになりました。

この盗聴をニクソン本人が指示したかどうかは、はっきりしません。しかしニクソンは事件の捜査を中止させようとしました。そして議会による調査が進むと、ニクソン政権の不正がつぎつぎと暴露されました。調査は二年に及び、

ウォーターゲート事件当時のニクソン大統領

下院は大統領を＊弾劾《だんがい》訴追《そつい》する文書を作成します。もし弾劾裁判で有罪となれば、大統領は辞めさせられることになります。ニクソンは弾劾を避けるため七四年八月に辞任＊＊しました。この事件で政府に対する不信は増大し、CIAとFBI（連邦捜査局）に対する信頼も揺らぎました。

Q4 スリーマイル島の原発事故では何が起こったのですか。

A4 一九七九年三月二八日、ペンシルヴェニア州のサスケハナ川のスリーマイル島にある原子力発電所で、事故が起こりました。首都ワシントンから北へわずか一五〇キロの地点、二基の加圧水型軽水炉のうち、二号機の給水ポンプのトラブルが発端でした。器具の不具合と人為的ミスがいくつも重なり、原子炉の空《から》焚《だ》き、炉心溶融、いわゆるメルトダウンに至ったのです。

炉心の四五パーセント、六二トンが溶融しましたが、幸いなことに原子炉容器の貫通はまぬがれました。のちに容器にひび割れが見つかり、もし溶融物が貫通していたら危機的状況になるところでした。放射性物質を含む冷却水が蒸気となって外部に放出されましたが、キセノンなどの放射性希ガスが大半で、放射性セシウムは放出されなかったとされています。事故は運転員によって給水回復措置がとられておさまりました。事故直後、州知事が「発電所から五マ

＊……南北戦争後、アンドリュー・ジョンソン大統領が議会と対立し、弾劾を発議された。最近ではクリントン大統領が女性スキャンダルで弾劾を発議された。いずれも弾劾裁判では有罪を免れている。

＊＊……任期中に辞任した唯一のアメリカ大統領。

◆映画『大統領の陰謀』（一九七六年、監督アラン・J・パクラ）ウォーターゲート事件を追及するワシントン・ポスト紙の二人の記者を追う。

◆映画『ニクソン』一九九五年にオリバー・ストーン監督が『JFK』に続いて撮った作品。

スリーマイル島原子力発電所

イル（八キロメートル）以内の妊婦と学齢前の乳幼児の避難」を勧告すると、大規模な周辺住民の避難がおこなわれ、大パニックとなりました。カーター大統領は事故直後の四月一日に現場を視察、事故調査特別委員会を設置し、事故原因の徹底究明を指示し、一〇年間にわたり調査・検討がなされました。

事故後、放射能除去に一二年、損傷のなかった一号機の再稼働にこぎつけたのが六年半後、二号機は稼働していません。当局は健康への悪影響はないといいますが、事故以来、反原発運動をしてきた人たちは信じていません。ガンの発生率や乳幼児死亡率が一時的に上昇したという報告も出されています。

原発などの事故は、影響度がレベル〇～七までの八段階の数値で公表されますが、スリーマイル島原発事故はレベル五で、二〇一一年の福島第一原発事故は最高のレベル七です。同じ炉心溶融にまで至った事故ですが、福島のほうがはるかに深刻だったのです。

Q5 「ブロードウェイ」とは、ミュージカルのことですか。

A5 一九七五年七月初演のブロードウェイ・ミュージカル『コーラスライン』は、九〇年四月まで上演され、六一三七回の公演は『キャッツ』（八二年初演）に抜かれるまで、最長のロングラン記録となりました。作品の

◆映画『チャイナ・シンドローム』（一九七九年、監督ジェームズ・ブリッジス）原発事故とその報道を描く。全米公開直後、スリーマイル島原発事故がおこった。

ニューヨークのブロードウェイ通り

舞台はブロードウェイの劇場でのオーディション。主役の背後で踊る端役のダンサー役をつかもうと応募者が競うなかで、それぞれのさまざまな出自を語らせ、夢の実現に生きるアメリカ人を描きました。

ニューヨークのマンハッタン島は、東西南北に走る街路が町を格子状に区画しています。その四角いブロックの連なりを、ただ一本、途中で南北に斜めに走る通りがブロードウェイです。そのタイムズ・スクエア周辺が、劇場街として繁栄するようになったのは、二〇世紀初頭のことでした。

ミュージカルはプロデューサーが企画を立てて出資者を募り、オーディションで出演者を選抜します。脚本家や作詞家、作曲家も必要です。歌、踊り、芝居の三要素からなるミュージカルは、ヨーロッパのオペラやオペレッタをベースに新しく生まれた文化であり、ビジネスでした。興行は収益しだいなので、ヒット作は何年でも公演がつづけられますが、初日で酷評《こくひょう》されて打ち切りとなる場合もあります。ブロードウェイの黄金時代といわれる五〇～六〇年代には、『南太平洋』、『マイ・フェア・レディ』、『ウエストサイド物語』、『屋根の上のヴァイオリン弾き』など多くのすばらしい作品が生まれ、映画化もされました。九〇年代以降、ブロードウェイはふたたび活況を呈《てい》し『オペラ座の怪人』は一九八八年以来一万回公演を達成しています。

「コーラスライン」サントラ盤（ソニー・ミュージックジャパンインターナショナル）

◆映画「コーラスライン」（一九八五年、監督リチャード・アッテンボロー、出演マイケル・ダグラス）同名のミュージカルの映画化。

18 「超大国」のアメリカ

廃墟となったデトロイトの自動車工場

一九八〇年代、共和党のレーガン政権は「強いアメリカ」をめざして、ソ連との軍拡競争を展開しました。八九年には東ヨーロッパ諸国で社会主義政権が倒れ、ソ連も九一年に解体しました。これによりアメリカは唯一の超大国として残りましたが、アメリカも深刻な問題をかかえていました。

Q1 レーガン政権がめざしたものは何ですか。

A1 一九八一年に大統領となったレーガンは、かつてハリウッドの俳優でした。彼は「赤狩り」に協力して共和党から政界に進出し、六六年にはカリフォルニア州知事となりました。一九一一年生まれですから大統領就任時には六九歳、最年長の大統領の誕生でした。

当時国内では、インフレと失業が深刻な問題でした。外交面では、前任の民主党カーター政権の時代にイランやニカラグアで親米独裁政権が倒され、またソ連がアフガニスタンに侵攻して、アメリカの威信は低下していました。

景気回復をめざしたレーガン政権は、財政支出の削減、大幅減税、規制緩和などを打ち出し、この経済政策は「レーガノミックス」*と呼ばれます。これは富裕層には利益をもたらしましたが、貧富の格差を大幅に拡大しました。そのしわ寄せをいちばん受けたのが黒人、ヒスパニック、女性や高齢者などです。

貧困層への援助はカットされ、八〇年代末**には黒人世帯の三分の一が、政府の認める貧困レベル以下に落ちたといわれます。貧しい黒人への援助のカットは白人有権者たちの支持を得て、共和党への支持を増やしました。

一方、「強いアメリカ」をめざすソ連との軍拡競争は軍事費を増大させ、国家財政を圧迫しました。財政難のなかでの軍拡でしたが、先に競争に耐えられなくなったのはソ連でした。レーガンが次期大統領の地位を共和党のブッシュ政権につないだ八九年、東ヨーロッパ諸国の社会主義政権は崩壊し、一二月マルタ島沖のソ連の客船内で米ソ首脳は冷戦終結を宣言しました。

Q2 アメリカ軍がグレナダに侵攻したのはなぜですか。

レーガノミックスを説明するレーガン大統領（一九八一年）

*……経済への政府の介入を縮小し、市場原理にまかせようとするもので新自由主義路線とも呼ばれる。これによる格差の拡大が問題として指摘される。

**……一九八八年の家庭の資産調査（国勢調査局）によると、上位二〇パーセントの階層の家庭が、全家庭の資産の四四パーセントを所有している。所得増加率も富裕な家庭ほど大きい。

A2 グレナダはカリブ海の南の小さな島国です。一七世紀にフランスの植民地となり、フランス人はアフリカから奴隷を輸入して農園《プランテーション》を経営しました。その後グレナダはイギリスの植民地となり、一九七四年に独立してゲイリーが首相となりました。

一九七九年、ゲイリー首相の外遊中に「ニュー・ジュエル運動」を率いるビショップがクーデタを起こしました。革命政府は医療や教育に取り組むとともに、アメリカが嫌うキューバとの関係を強めます。革命政府は多くの人に支持されていたといわれますが、政治はうまくいっていませんでした。

八三年、政権内でクーデタが起こり、ビショップ首相らは処刑され、軍事評議会が実権を握りました。するとアメリカはこの混乱に乗じて、カリブ海の六カ国の軍とともにグレナダに侵攻し、政府を倒して親米政権を樹立しました。レーガン政権が親キューバのニュー・ジュエル運動政権を倒したのは、中米の左翼政権を牽制する意味があったといわれます。アメリカにとって本格的な軍事侵攻は、ヴェトナム戦争以来のことでした。

国際連合はこの問題でただちに緊急安全保障理事会を開きました。しかしアメリカは拒否権を行使して撤退勧告案を否決。ひきつづいて国連総会ではグレナダの主権保全、外国軍の即時撤退などが決議され

中南米の国々

ましたが、アメリカは従いませんでした。

Q3 アメリカの自動車産業はなぜ衰退したのですか。

A3 一九七九年の第二次石油危機は、自動車産業界に大打撃を与えました。ガソリン価格の高騰で大型車は売れなくなり、燃費のよい日本製の小型車が飛ぶように売れました。デトロイトの自動車業界は、深刻な不景気に見舞われます。自動車の生産は落ち込み、累積赤字は増大し、多くの労働者がレイオフ（一時解雇）され、失業者が増加しました。

日米貿易摩擦が深刻化するなか、八一年に日本は対米自動車輸出の自主規制をします。しかしアメリカ国内で販売される外国製の自動車は増加しつづけ、アメリカの貿易収支は悪化する一方でした。車をはじめとする日本製品の輸入増大は対日感情を悪化させ、*反日キャンペーンがおこなわれ、日本製品をハンマーで破壊するパフォーマンスが見られました。

しかしアメリカ車が売れなくなった理由は、燃費の問題だけではありませんでした。**日本車などの外国車はアメリカ車よりもコスト（生産費）が低く、品質は上回っていたからです。その後、コストの差の一因である日米の賃金格差は、円高ドル安によりほとんどなくなりますが、製品の質では日米の差は歴然

日本車のアメリカ市場シェア

年	1979	1980	1981	1982	1989
全体	1,011	897	853	799	978
日本車	93	189	186	182	190
同シェア	9.2	21.1	21.8	22.8	19.4

注）単位：万台、%。出所）Ward's Automotive Yearbook

＊……貿易摩擦が深刻化すると、「日本たたき（ジャパン・バッシング）」と言われる対日批判が強まった。

＊＊……マサチューセッツ工科大学によると、標準的な車を組み立てるのに要する労働時間は日本の一九時間に対し、アメリカは二七時間。一〇〇台当たりの欠陥箇所では、日本車の五二カ所に対して、アメリカ車は九〇カ所だった。

◆映画『ガン・ホー』（一九八六年、監督ロン・ハワード、主演マイケル・キートン）自動車工場が閉鎖された町が、日本の「アッサン自動車」の工場を誘致するが…。当時のアメリカ人が持つ型どおりの日本企業、日本的経営、日本文化のイメージが見て取れる。

としていました。それは従来のアメリカの企業経営では他の国々に追いぬかれてしまうことを示し、自動車産業以外の他の産業にもいえることでした。

二一世紀に入り、自動車産業のビッグスリーのクライスラー、GM（ゼネラル・モーターズ）は経営危機におちいり、政府から支援を受けることになりました。その後業績は小型車の開発や現地生産などで、回復に向かっているといわれます。しかし、自動車産業の中心地デトロイトの人口は減少して廃屋が広がり、失業者や犯罪が増加、二〇一三年にはついに市に破産法が適用されることになりました。

Q4 アメリカは湾岸戦争で何をしたのですか。

A4 一九九〇年八月、イラクは突如隣国クウェートへ侵攻し、全土を制圧しました。それまでイラクはアメリカの支援を受けてイラン・イラク戦争（一九八〇〜八八年）を戦い、*西アジアの軍事大国になっていました。当時、クウェートへの侵攻目的にはイラン・イラク戦争で費やした戦費をクウェートの石油利権獲得によって回収したいというイラクの思惑がありました。

国連安全保障理事会はイラクにクウェートからの即時撤退を求め、同時に対イラク経済制裁措置を発表しました。またブッシュ大統領（父）はサウジアラ

多国籍軍の兵力内訳（参考／『よくわかる中東問題』浜林正夫、学習の友社）

主要国とその兵力				
国　名	兵員	戦車	作戦機	艦船
アメリカ	500,000	2,000	2,500	108
*湾岸協力会議	150,000	800	330	55
イギリス	34,000	160	90	16
エジプト	32,500	480	—	—
シリア	19,000	270	—	—
フランス	17,000	40	160	14
パキスタン	7,000	—	—	—
バングラデシュ	2,000	—	—	—
モロッコ	1,700	—	—	—

*湾岸協力会議はバーレーン、クウェート、オマーン、カタール、サウジアラビア、アラブ首長国連邦

*……イランでは一九七九年に親米のパフレヴィ国王が倒され、シーア派のイスラーム共和国が成立するイスラーム革命が起きた。イラクはこの混乱を好機として、国境問題や債務支払いなどからイランとの戦争を起こした。米英ソ仏など国連常任理事国はイランのシーア派政権を倒そうとイラクを支援し、戦車や化学兵器など多くの兵器を供給した。日本のODA援助もこれに使われたと言われる。八年に及ぶイラン・イラク戦争を経て、イラクは世界第四位ともいわれる軍事大国となり、フセイン大統領の力は増大した。

ビアに圧力をかけてアメリカ軍の駐留を認めさせ、アメリカの呼びかけで多国籍軍が結成されました。

一方アメリカ国内では、クウェートの少女が議会で涙ながらに、イラク兵が病院の赤ん坊を殺害したと証言し、テレビ、新聞で報道されて反イラク感情が高まりました。しかし、少女は駐米クウェート大使の娘で現場にはおらず、証言は嘘であったことがのちにわかりました。アメリカ政府は国民にことさらイラク軍の脅威を誇張し、世論を戦争に向けて誘導したのでした。

アメリカ軍を中心とする多国籍軍の攻撃は、九一年一月に開始され、徹底的な空爆とミサイル攻撃がおこなわれました。ヴェトナム戦争の教訓からメディアの報道は厳しく規制され、軍事施設だけをねらうというピンポイント攻撃の様子が報道されました。しかし実際には、軍事施設以外の場所で、多くの子どもや女性を含む一般市民が猛爆撃の犠牲となりました。そして地上戦が開始されると、イラク軍は装備も貧弱で士気も低く、多国籍軍の攻撃に崩れ落ちました。

戦争[**]には莫大な費用がかかり、多国籍軍側の犠牲は数百人でしたが、味方の攻撃や事故によるものが目立ちました。イラク軍側の犠牲ははっきりしませんが、三万人を上回るといわれます。戦後アメリカでは、戦争に参加した多くの軍人とその子どもたちに、劣化ウラン弾の影響とみられるさまざまな病気が発

米艦から発射された巡航ミサイルトマホーク

**……この戦争でアメリカは六〇〇億ドル以上を費やし、その多くを外国が負担し、日本は国民一人当たり一万円となる総額一三五億ドルを負担した。

◆映画『ジャーヘッド』（二〇〇五年、監督サム・メンデス）湾岸戦争下、サウジアラビアの砂漠で一七五日間待機した海兵隊の新兵に、「砂漠の嵐作戦」開始の命が下る。一三年後に書かれたベストセラー体験記の映画化。

症し、湾岸戦争症候群と呼ばれています。

Q5 シリコン・ヴァレーはどこにありますか。

A5 シリコン・ヴァレーは、地図にある実際の地名ではありません。カリフォルニア州のサンフランシスコの南約五〇キロに位置する、サンタ・クララ渓谷周辺を指します。中心となる都市はサンノゼ市で、この地域に半導体のメーカーが集まり、半導体の主原料がシリコンであることからこの名称が生まれました。

かつてこの地は見渡すかぎり果樹園が広がっていましたが、アップル社[*]が台頭する一九八〇年代のはじめには、果樹園の面積はかなり減っていました。アップルの社名は、一説には共同創業者のスティーヴ・ジョブズが、リンゴの収穫から戻った直後に事業を開始したことに由来すると言われます。

一九世紀にこの地に開校したスタンフォード大学は、広大な敷地を持っていましたが、寄贈者の意思で土地の売却は認められませんでした。そこで大学はスタンフォード・インダストリアル・パークという工業団地として、土地を企業に貸し出しました。産学協同のもと、この工業団地からアップル、グーグル、ヤフーなどのソフトウェアやインターネット関連の世界的な企業が生まれまし

iPhoneを持つスティーヴ・ジョブズ(©Romaine)

*……アップルの社名は、ビートルズが設立したイギリスの企業アップル・コアから思いついたともいわれる。イギリスのアップルはアメリカのアップルに商標権侵の裁判を数回起こしている。

た。

九〇年代、インテル、マイクロソフト***、アップルなどインターネット関連企業が急成長し、投資が拡大、株価が異常に上昇し、いわゆるＩＴ****バブルが起こりました。民主党のクリントン大統領はＩＴブームに乗って再選を果たしました。しかし二〇〇〇年三月を頂点にバブルははじけ、倒産と失業者が増大しました。インターネット関連の株価も下落し、グーグル、アマゾン・ドット・コムなど一部のベンチャー企業だけが生き残りました。そしてその不況の最中の二〇〇一年九月一一日、同時多発テロ事件が発生しました。

***……ビル・ゲイツ（一九五五〜）がハーヴァード大学在学中に設立。彼はパソコン用ソフトを開発し、アメリカ史上最年少の億万長者となった。マイクロソフト社は、米司法省から反トラスト法（独占禁止法）違反の容疑で訴追されている。

****……ＩＴとはInformation Technologyの略で、「情報技術」。「バブル」とは、株などが投機によって実体経済の成長以上に高騰すること。両者より、ＩＴ産業の株価の異常な高騰のこと。

シリコン・ヴァレー

19 二一世紀のアメリカ

同時多発テロ（2001年9月11日）

二一世紀幕開けの年の二〇〇一年、九月一一日の同時多発テロ事件を境にアメリカは大きく変わりました。一〇月アメリカ軍はアフガニスタンに侵攻し、二〇〇三年にはイラクとの戦争が開始されたのです。テロ対策の名のもとに国内の警戒、監視も強まりました。

そして二〇〇九年、八年間の共和党ブッシュ政権に代わり、民主党のオバマ政権が誕生しました。

Q1 九・一一事件後、アメリカではどんなことが起こったのですか。

A1 二〇〇一年九月の同時多発テロ*では何千人もの命が奪われました。ブッシュ大統領（子）は、国際テロ組織アルカイダとその指導者であるオサマ・ビンラディン**を実行犯であると断定し、直ちに軍事行動をとりました。ビンラディンを保護しているとアフガニスタンへの攻撃が開始されましたが、攻

*……二〇〇一年九月一一日、四機の民間旅客機がハイジャックされ、ニューヨークの世界貿易センタービルやワシントンの国防総省に激突するなどして、数千人が死亡した。航空機が使用された史上最大規模のテロ事件であり、全世界に衝撃を与えた。

**……同時多発テロ事件など数々のテロ事件の首謀者とされたビンラディンは、二〇一一年五月、パキスタンのイスラマバード郊外で潜伏中、アメリカ海軍の特殊部隊に急襲され、裁判もなく殺害された。ホワイトハウスではこの進行を生中継で見守っていたと言われる。事前の通告がなかったため、パキスタン政府は主権侵害に当たるとアメリカ政府を非難した。

撃計画は事件以前にすでに練られていたともいわれます。

ブッシュ大統領はテロとの戦いを宣言し、国際社会との協力が不可欠と同盟国に協力を要請、日本の小泉政権は直ちに応じました。それまで減少傾向にあったアメリカの軍事費は事件以降、一気に五〇〇〇億ドルまで跳ね上がります。テロなどの緊急事態に対応するとして国土安全保障省が設立されました。

マスコミは人種・国籍にかかわらず多くの犠牲が出たこの事件を「アメリカとアメリカ人への攻撃」として愛国主義を煽り、街並みは星条旗一色となりました。***不安にかられた国民がパニック状態の中で「愛国者法」がたいした議論もなく急スピードで成立しました。これによって国内での全通信を政府が監視する体制がつくられ、患者のカルテや図書館の利用者の貸し出し記録まで政府の要請があれば提出させられることになりました。

こうした中、ボストン大学のハーワード・ジン教授は「アメリカの被害者であると考えている立場からアメリカの外交政策を考えるべきだ」と述べ、テロの根源をつくっているのはアメリカ自身であるという声もあがりました。無批判に政府やマスコミに従わないでアフガニスタンへの攻撃に反対する人たちも存在しました。

2003年(平成15年) 3月20日 木曜日

米英、イラクと開戦

バグダッドなど空爆

米大統領が緊急演説

イラク側は聖戦を宣言

小泉首相「攻撃を支持」

北朝鮮問題にも有効

イラク開戦を知らせる記事(毎日新聞)

***……ブッシュ大統領が進める報復戦争は、上院では全会一致、下院では反対一で採択された。唯一の反対票を投じたのは、カリフォルニア選出の民主党下院議員バーバラ・リーである。五五歳のアフリカ系アメリカ人女性の勇気ある行動は、人びとから称賛された。

Q2 アメリカはなぜイラクと戦争を始めたのですか。

A2 イラクは一九九一年の湾岸戦争で敗北しましたが、フセイン大統領はひきつづき政権を維持していました。アメリカはイラク*が大量破壊兵器を保有していると非難して、国連でくり返し厳しい査察を要求します。この背景には国内のネオコン（新保守主義者）を中心に、フセイン政権を倒し、イラクに新政権を樹立しようとする動きがありました。イラクは大量破壊兵器はないと抵抗しましたが、国連は査察を進めていきました。

二〇〇一年に同時多発テロ事件が起きると、ブッシュ政権はイラクは大量破壊兵器を持つテロ支援国家であるとくりかえし激しく非難し、二〇〇三年三月、ついに国連を無視してイラク攻撃に踏み切りました。九・一一事件の背後にフセイン政権があるとする考えと、大量破壊兵器の保有がその理由でした。しかし、その確証はありませんでした。ＦＯＸテレビなどのメディアは、イラクをテロ支援国家として国民の恐怖と怒り、危機感を煽《あお》り、ブッシュ政権とネオコンが望むとおりの世論操作に協力しました。

五月、イラクはアメリカ軍、イギリス軍などの占領下に置かれましたが、アメリカが攻撃理由にあげた証拠は見つかりませんでした。アメリカはイラクの

*……湾岸戦争の停戦時、イラクは大量破壊兵器（生物兵器・化学兵器・核兵器など）の破棄と使用、研究、製造、入手の禁止などを義務づけられた。

自衛隊の人道復興支援活動

民主化を実現したと戦争を正当化しましたが、世界中から批判されました。アメリカの目的は、イラクの豊かな石油を確保し、ハリーバートン**などのアメリカの会社に利益をもたらすことだったともいわれます。

米英の攻撃は国連決議を得ておらず、この開戦は国際法違反とされます。国連でイラクの大量破壊兵器開発と保有を主張したパウエル国務長官は、のちに誤った報告であったと謝罪しました。イギリスでは戦争に協力したブレア政権の責任が追及されましたが、逸早く無条件にアメリカを支持し、自衛隊を派遣した小泉政権に対して、国会での責任追及はまだなされていません。

Q3 スーパーのウォルマートは、どうやって大きくなったのですか。

A3 ウォルマートはアーカンソー州に本部を置く、世界最大のスーパーマーケットチェーンです。現在世界一五カ国に進出し、日本のスーパー業界でも西友を子会社にして展開しています。

創業者はサム・ウォルトン、一九六二年にアーカンソー州にウォルマート・ディスカウント・シティを開いたのがはじまりでした。店は「毎日が低価格」をスローガンに、低価格のために物流管理、コスト削減などを推し進め、世界最大の売上を誇る企業となりました。安売り商法がウォルマートの成功の理由

＊＊……アメリカに本拠をおく多国籍企業で、石油や天然ガス関係の事業、イラク戦争後の各種復興事業など様々な事業を展開する。ブッシュ政権のチェイニー副大統領は就任前、同社のCEO（最高経営責任者）だった。

ウォルマート損益計算書

ウォルマートのP/L（損益計算書）				
	売上高	純利益	一株利益	一株配当金
2011年	418,952	16,389	4.18	1.21
2010年	405,132	14,335	3.73	1.09
2009年	401,087	13,400	3.35	0.95
2008年	373,821	12,731	3.15	0.88
2007年	344,759	11,284	2.93	0.67
2006年	308,945	11,231	2.72	0.60
2005年	281,488	10,267	2.41	0.52
2004年	252,792	9,054	2.03	0.36
2003年	226,479	8,039	1.76	0.30
2002年	201,166	6,671	1.49	0.28

（売上高・純利益の単位：100万ドル、一株利益は希薄化後のもの）

ですが、安売り攻勢で地元の商店をつぎつぎと倒産に追い込んだり、不採算を理由に一方的に店を閉店したり、また巨大な店舗が景観を壊すなど、ウォルマートの強引な商法には反対の声もあがっています。

ウォルマート商法は市場も変質させました。小売業のウォルマートが製造業に対して商品の細かな指示を出し、製造業はウォルマートに会社の生存を左右されるようになりました。さらに、ウォルマートは安い商品を確保するために、製造費の安い中国に自らの生産拠点を置きました。それは中国の経済発展を支えましたが、中国の生産も市場も影響下に置かれることになりました。こうして国内では商品を調達しないためアメリカの製造業は衰退し、ウォルマートは労働者の雇用もないがしろにしていると批判されています。

しかし何よりも問題とされるのは、従業員の労働条件の悪さです。低賃金の非正規雇用従業員を多く採用し、正社員としての本採用には消極的なうえ、労働組合もつくらせません。創業者親族は、『フォーブス』誌発表による世界長者番付で、つねに上位を占めています。

Q4 国会議事堂にヘレン・ケラーの銅像があるのですか。

ウォルマート（©SchuminWeb）

A4

二〇〇九年秋、ワシントンの国会議事堂の円形大広間に、七歳のころのヘレン・ケラーのブロンズ像がお目見えしました。国会内では、初めての子どもの像となります。ヘレン・ケラーは一八八〇年に生まれ、病気のために二歳で視力と聴力を失いました。六歳のときに家庭教師のアン・サリヴァンと出会い、厳しく献身的な教育と強い意志によって障害を克服していきました。

国会議事堂内の彫像の展示は、一八六四年のリンカン大統領の法令にはじまります。彫像は全米五〇州から二体ずつ寄贈され、入れ替えもできます。ヘレン・ケラーの像は、彼女の出身地のアラバマ州から寄贈されました。二〇世紀後半以降、議事堂内の像はアメリカ史の意味の変遷を物語るかのように女性や黒人、先住民の彫像が増加しています。二〇〇三年にはルイス・クラーク探検隊の通訳だったサカガウィアの像が、アリゾナ州から寄贈されました。

ヘレン・ケラーというと、映画『奇跡の人』（一九六二年）に見るように、重い障害を克服したことだけが強調されがちです。しかし彼女は一九〇〇年にたいへんな努力によってラドクリフ女子大学（現在はハーヴァード大学に統合）に入学し、卒業後は女性参政権運動や産児制限運動など多くの社会運動に関わった活動家でもありました。航空輸送網も障害者用設備も整わなかった時代に世界各地を訪問して身体障害者の教育や福祉に貢献し、日本にも一九三七年、四八年、五〇年と三度訪れ、全国講演では熱狂的な歓迎を受けました。

国会議事堂のヘレン・ケラー像

ヘレン・ケラーとサリヴァン（一八八八年）

◆映画「奇跡の人」（一九六二年、監督アーサー・ペン）　戯曲をもとに映画化された。原題は「The Miracle Worker」。「奇跡を起こした人」という意味で、サリヴァンを指すが、日本ではヘレンを差すと誤解されている。サリヴァン先生を演じたアン・バンクロフトがアカデミー賞主演女優賞を、ヘレンを演じたパティ・デュークが助演女優賞受賞。

彼女がアメリカ社会党の活動家で、労働運動を支援し、第一次世界大戦の際に反戦を訴えた人物であることは、アメリカでもあまり知られていません。

Q5 オバマ大統領の誕生で、アメリカはどう変わりましたか。

A5 二〇〇九年一月、オバマ大統領の就任式にはかつてない多くの観衆が集まり、その数は二〇〇万人とも報道されました。これは新政権への期待の大きさの現れでしょう。オバマは建国以来初のアフリカ系アメリカ人の、初のハワイ州生まれの、初の六〇年代生まれの大統領でした。

彼の父はケニア人、母はカンザス州出身の白人で、ふたりはハワイ大学で出会い結婚しました。オバマはハーヴァード大学で学び、シカゴでの弁護士活動をへて九六年に政界に入ります。〇八年の大統領選挙では民主党内の予備選挙でヒラリー・クリントン*を破り、大統領候補となりました。ヒラリーもやはり弁護士の出身で、初の女性大統領をめざしていたのです。

オバマが選挙中一貫して主張したのは、「チェンジ」でした。八〇年代のレーガン政権以降、歴代政権は新自由主義と「強いアメリカ」の路線をとってきました。オバマ政権はそれをどう変革するのでしょうか。

国内での「チェンジ」は、金融危機の克服や医療保険制度改革（オバマ・ケ

リンカン大統領が奴隷解放宣言をおこなったとされるイリノイ州のスプリングフィールドで、大統領立候補宣言をおこなうオバマ（©Evian Pepper）

＊……夫は元大統領のビル・クリントン

ア）などがあげられます。しかし彼は新自由主義に対する明確な批判者とはいえません。また多くのアフリカ系アメリカ人**がおかれている状況も、変化したとはいえないでしょう。一四年にはミズーリ州で白人警官による黒人青年射殺事件が起き、これを機に人種差別に抗議するアフリカ系アメリカ人のデモや暴動が起きました。いまだすぐ犯罪者扱いされることへの怒りでした。

それでは、「強いアメリカ」路線は「チェンジ」したでしょうか。二〇〇九年、オバマは「核なき世界」についての理念や取り組みによりノーベル平和賞を授与されました。しかし核廃絶の動きは見られず、「対テロ戦争」も終結していません。

それでも駐留継続の合意ができなかったイラクや、タリバンを排除できないまま泥沼化したアフガニスタンから、米軍は撤退することになりました。しかし、パキスタン***などでのイスラム武装勢力などの殺害を目的とする無人機による攻撃は、増加しました。またイランやシリアに対しては強圧的な姿勢を示す一方、イスラエルの好戦的な行動に対しては寛大に支持しています。

さらに、選挙公約だったキューバにあるグアンタナモ****収容所は未だ閉鎖されず、キューバに対するアメリカの経済封鎖も続いています。そうしたなか、一四年一二月、オバマ大統領はキューバとの国交正常化交渉の開始を宣言しました。一六年には大統領選挙があり、一七年一月にオバマの任期は満了します。

**……一方では、オバマ大統領に先立つブッシュ（子）政権下で外務大臣にあたる国務長官に就任したパウエル、ライスに象徴されるように、高学歴、高収入、高い社会的地位につくアフリカ系アメリカ人も現れている。

***……司法手続きなしの殺害は国家による暗殺・テロともいえ、無人機攻撃による民間人の犠牲も少なくない。

****……グアンタナモの米軍基地にあり、〇二年のブッシュ政権時に設立された。アフガニスタンやイラクで拘束されたテロリストの容疑者が裁判もなく収容され、世界中から人権侵害との批判をうけている。

キューバはアメリカの保護国下にあった一九〇三年、グアンタナモ基地のアメリカの永久租借を認めたが、現在は無効と主張している。

20 現在のアメリカ

アメリカは、世界一の軍事力を持ち、政治・経済・文化の諸分野で国際的に大きな影響力を与えてきました。「グローバル化」とは、ある意味「アメリカ化」でもあります。

しかし二一世紀に入って、アメリカ社会の多様化はいっそう進み、さまざまな面で対立が目立つようになりました。国の財政赤字は拡大し、消費が低迷するなかで貧富の差が拡大しています。

鉄骨で建てられた十字架（ニューヨークのグラウンドゼロ、2005年）

Q1 「ウォール街を占拠せよ」とはどんな意味があるのですか。

A1 二〇〇八年九月、多大な損失を抱えていた投資銀行リーマン・ブラザーズが経営破《は》綻《たん》におちいりました。リーマン・ショックと呼ばれるこのできごとは、一九二九年の大恐慌のときと同じように世界同時不況の引き金となりました。アメリカでは、歴代政権がとってきた新自由主義*路線によって格差

＊……一九八〇年代、アメリカのレーガン政権やイギリスのサッチャー政権から始まる政策で、経済への政府の介入を縮小し、市場原理にまかせようとするもの。具体的には規制緩和や民営化によって、経済を活性化させようとする。この結果大企業の経営は改善されるが、弱者への保護は弱まり、貧富の差が大幅に拡大することになった。日本では中曽根政権以降、この路線が続けられている。

が拡大し、富はますます一部に集中しています。

二〇一一年九月、ニューヨークでは「ウォール街を占拠せよ」をスローガンに、金融会社が集まるウォール街でデモや座りこみがはじまりました。広場や街路を占拠《オキュパイ》するという非暴力の直接行動による運動は、共感を呼んでシカゴやサンフランシスコなど全米各地に拡大しました。参加者は半数が二〇代の若者で、学生からビジネスマン、失業者やホームレスまでさまざまでした。

彼らは政府による金融会社救済や富裕層への優遇政策を批判し、高い家賃や学費への不満、高い失業率や年金問題の改善などの要求をあげました。多様な人々が集まったこの運動の背景には、広がる一方の貧富の差がありました。彼らは「We are the 99%」というスローガンを掲げ、上位一パーセントの富裕層に富が集中し、経済や政治を支配していること、残り九九パーセントの自分たちがそこから除外されていることへの怒りを示しました。

運動を支えたのは、ツイッターなどのＳＮＳ（ソーシャル・ネットワーキング・サービス）です。特定の指導者はおらず、方針は合議で決め、明確な主張はありません。メディアはこれらの点を批判しましたが、彼らには富裕層が支える二大政党制によるアメリカ政治への不信と不満がありました。結局、デモや座りこみは警察によって排除されましたが、ネット上での活動はつづき、従来とは異なる新しい市民運動の可能性を提起したと指摘されます。

ウォール街のデモ（二〇一一年）

Q2 銃規制はなぜ進まないのですか。

A2 現在、アメリカ国内にある銃器の数は二億丁を超えるといわれ、この数は二世帯に一丁の割合で所有されていることになります。大型の銃も目立ち、小さな女の子向けのピンク色のライフル銃まで売られています。銃は顧客獲得の際の景品にもなり、販路を拡大するため販売対象は男性から女性へ、子どもへと拡がりました。銃で死亡する人は一年間に自殺を含め三万人以上、負傷者は七万人、殺人事件の犠牲者は二万人近くにもなります。一九九二年には、日本人留学生の服部君が射殺される事件*もありました。

二〇一三年六月、カリフォルニア州サンタモニカのカレッジ・キャンパスで銃が乱射され、五人が死亡、犯人は射殺されました。四月にはケンタッキー州で五歳の兄が二歳の妹を射殺しています。〇七年四月一六日には、犯人を含め三三人が死亡するという、アメリカ史上最悪の銃犯罪となったヴァージニア工科大乱射事件がおこりました。犯人は韓国出身の同大四年生で、ホールや教室で学生や教授をつぎつぎと射殺して自殺しました。こうした事件が起こると必ず銃規制の必要が叫ばれますが、いつも一過性のものに終わり、規制は進みません。

*……一九九二年一〇月、ルイジアナ州バトンルージュで、当時一六歳の日本人留学生服部剛丈君が、ハロウィンで間違えて別の家を訪問し、その家人に侵入者と判断されて射殺された事件。裁判では陪審員は家人を無罪としたが、民事裁判では遺族に賠償が認められた。服部君の両親はアメリカで銃規制を訴える運動を展開し、クリントン大統領にも面会した。

会員数四〇〇万人を擁するという全米ライフル協会など、政治的にも大きな影響力を持つ団体が、銃規制に反対するのです。彼らは合衆国憲法修正第二条に示された武器を所有し携帯する権利を挙げ、私的な武装を憲法が保障していると主張します。銃はかつて独立を勝ち取った武器であり、西部開拓時代には身を守る手段でしたが、今でも政府の権力に対抗する手段と考えられているのです。工科大学事件後も、教授や学生が自分を守れるように銃を持たせようという意見が出されました。

一九六三年のケネディ大統領暗殺事件以降、自動小銃の所有や販売店への規制がおこなわれていますが、こうした規制法にはさまざまな抜け道があります。二〇一二年のコネチカット州の小学校銃乱射事件後は、各地で銃規制を強化する動きが生まれています。

Q3 アメリカでも宗教離れ・教会離れが進んでいるのですか。

A4 アメリカでは大統領の就任式は牧師の祈祷《きとう》からはじまり、大統領は聖書に手を置いて宣誓します。ドル札には*「神を信頼する」と書かれており、植民地時代から西部開拓時代をへて今日に至るまで、アメリカとキリスト教は切り離せない関係にあります。

映画「ボウリンブ・フォー・コロンバイン」DVD（ジェネオンエンタテインメント）

◆映画『ボウリング・フォー・コロンバイン』（二〇〇二年、監督マイケル・ムーア）一九九九年四月、犯人を含め一五人が死亡したコロラド州コロンバイン高校での銃乱射事件を起点として、銃規制問題をとりあげたドキュメンタリー映画。

＊……一ドル札の裏面には「IN GOD WE TRUST（我々は神を信頼する）」と書かれている。その左右には国璽の図柄が配され、左の一三段のピラミッドの上には神の目が描かれ、ラテン語で「神は我々の行いをよしとしている」と記されている。この図案はフリーメイソンのものという説があるが、当時広くみられた図案であると否定されている。

アメリカでは人口の約八割がキリスト教徒といわれ、その多くがプロテスタントとされてきました。ほかの先進国同様、近年では若者の宗教離れ、教会離れが目立つようになりましたが、植民地時代から教会はアメリカ人と切り離せないものでした。

二〇世紀にはビリー・グラハムに代表される大衆伝道者が現れ、信者を集めた大集会を開催したり、ラジオやテレビを通した伝道もさかんになりました。六〇年代には伝道専門のテレビ局が生まれ、七〇年代以降はメガチャーチが増加して、現在では全米で一六〇〇以上といわれます。メガチャーチとは郊外の広大な敷地に建設された巨大な教会で、学校や映画館、商店などさまざまな施設が併設されています。こうした活動の多くは、聖書を重視し、聖書の教えに忠実に生きようとする福音派によるものです。

福音派は既成の教会を否定し、ダーウィンの進化論を否定し、旧約聖書の説く神による「天地創造説」を信じています。彼らは人工妊娠中絶や同性愛などへの反対から政治に深く関わるようになり、共和党の強力な支持基盤となってレーガン政権と父子二代のブッシュ政権を支えてきました。二〇〇九年の民主党のオバマ大統領の就任式で、オバマ大統領はリンカンが使った聖書を用いて宣誓しましたが、祈祷には有名な福音派のリック・ウォレン牧師を起用して、福音派に配慮したといわれます。

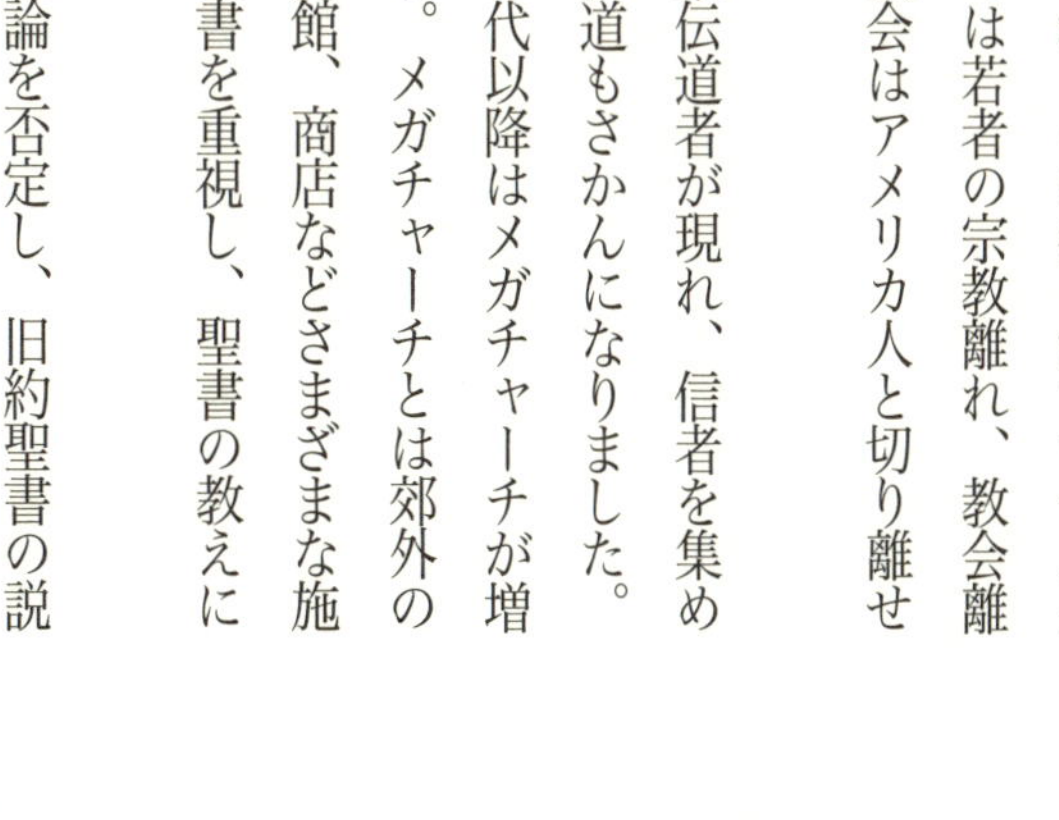

1ドル札の裏面

◆映画『刑事ジョン・ブック／目撃者』（一九八五年、監督ピーター・ウィアー）殺人事件の目撃者となったアーミッシュの少年とその母親と、事件を追う刑事の交流を描く。

アーミッシュとは一八世紀以降ドイツやスイスから移住してきたプロテスタントの再洗礼派の一宗派で、ペンシルヴェニア州を中心に自給自足で暮らしている。移民当時の生活を守るため電気はほぼ使わず、自動車の運転もしないで馬車を使うなど独自の文化を守り、ドイツ語の古語を日常語として集団で生活している。

Q4 アメリカの軍事費は、世界の軍事費総額の半分も占めているのですか。

A5 二〇一四年のアメリカの国防予算は五〇〇〇億ドルを超え、この額は世界の軍事費*総額の半分近くになります。これに海外軍事活動の費用を加えると六〇〇〇億ドルを上回り、さらに核兵器を開発、管理するエネルギー省、軍事行動をしているＣＩＡ（中央情報局）や国土安全保障省などの予算も加えると、膨大な額になります。

兵力は一四〇万人を超え、海外**には作戦中のアフガニスタンなどを除いても、二〇万人近くが駐留しています。強大な軍事組織と最新鋭の装備は、最近では中国の軍事力などが問題にされますが、その中身は到底アメリカとは比較になりません。アメリカが経済、外交の分野で有利な状況をつくりだす背景には、強大な軍事力があります。

しかしそのアメリカも、今日では単独での戦争遂行は不可能となり、同盟国**に大きな負担を求めるようになっています。しかも、軍事的には圧倒的に優位でも、その戦争が必ずしも有利に展開されているとはいえません。また国内では多くの戦争帰還兵にさまざまな肉体的・精神的な障害が見られ、アメリカ社会に深刻な影を落としています。

＊……軍事費は国ごとにその定義や内容に大きな差があり、さらに物価や給与水準の違いなどもあり、厳密な比較は難しい。軍事費の中で人件費が大きな比率を占めることは各国共通である。軍事費を検討する資料としては、ストックホルム国際平和研究所（SIPRI）のデータなどがある。

世界の軍事費

順位	国名	軍事費（億ドル）	GDP 比（%）	世界シェア（%）
1	アメリカ	6820	4.4	39.0
2	中国	1660	2.0	9.5
3	ロシア	907	4.4	5.2
4	イギリス	608	2.5	3.5
5	日本	593	1.0	3.4

出典）SIPRI Yearbook 2013

アメリカの軍事費は冷戦終結によって、九〇年代後半以降大幅に削減されてきました。このため軍部や軍需産業には大きな不満がありましたが、二〇〇一年の同時多発テロ以降、アフガニスタン戦争、イラク戦争と軍事費は大幅に増額されています。西アジアの混迷を見ても、軍事力で問題は解決されません。世界各地で多発しているテロの根絶を求め、戦争と暴力を否定するためには、世界の軍事費の削減と核兵器の廃絶が欠かせません。超大国アメリカがどのように向き合うのか、アメリカの真価が問われています。

Q5 アメリカが「白人の国」ではなくなる、というのは本当ですか。

A3 二〇一〇年の国勢調査によると、アメリカの人口は三億一〇〇〇万人を超えました。他の先進国が少子高齢化に悩むのをしり目に、アメリカの人口は高い出生率と世界中からの移民によって、着実に増加しています。中でもヒスパニック*の人口は五〇〇〇万人を超え、人口の一六・三%を占めています。このためヒスパニックはアフリカ系アメリカ人を抜いて、アメリカ最大のマイノリティとなりました。調査対象からはずれてしまう不法入国の人びともおり、実際の人口はもっと多いと見られます。

彼らの約六割はメキシコ系、次いで中南米・カリブ海域出身者が約三割で、

**……海外の「主要作戦基地」は四二カ国、一〇〇カ所以上を数え、その大半はドイツ、日本、韓国に集中している。実際には世界中に大小合わせると一〇〇〇カ所以上あるともいわれる。
　日本には約四万人が駐留し、沖縄には全国の米軍基地の約七四パーセントが集中し、県面積の約一二パーセントを占めている。米軍による事故、環境破壊、犯罪などが大きな問題となっている。

*……ヒスパニックとは、一般にアメリカに居住する中南米出身のスペイン語を話す人びととその子どもたちをさす。また、「ヒスパニック」という表現がスペイン系を意味したり、非合法移民を想起させるとして、中南米系の人たちを「ラティーノ」と呼ぶ人たちもいる。アメリカ社会はヒスパニック、ラティーノを白人とは認めていない。

この両方で九割を占めます。

従来のアメリカでは、英語を使う社会に移民を同化させようとする暗黙の了解がありました。しかし今、彼らはスペイン語と自らの文化を維持します。スペイン語の新聞やラジオ、テレビの放送局は相当な数で、彼らの発言力は強まり、政治においてヒスパニック有権者の動向は無視できません。

また、アジア・太平洋系*の人口も急激に増加しており、中国系の人びとの増加は著しいものがあります。七〇年にはアジア系では日系が一位でしたが、現在では六位です。ニューヨークではマンハッタンの旧チャイナタウンだけでなく、クィーンズやブルックリン地区に住む中国系の人びとが増えました。ロサンゼルスでも、郊外に大きな新チャイナタウンが生まれています。

白人人口は二〇五〇年には全人口の五割を割り、ヒスパニック人口が三割を超えるといわれます。その時には混血も進んでいるでしょう。これまでアメリカの大統領は大半がワスプの白人男性でした。しかし二〇〇八年、人びとはついにハワイ生まれのアフリカ系アメリカ人を大統領に選びました。世界には女性の大統領や首相も多く、また南米のボリビアでは二〇〇六年に先住民の大統領が誕生しました。アメリカはこれからどのような国になっていくのでしょうか。私たちのまだ知らないアメリカが誕生するかもしれません。

アメリカの人口構成（二〇一〇年）

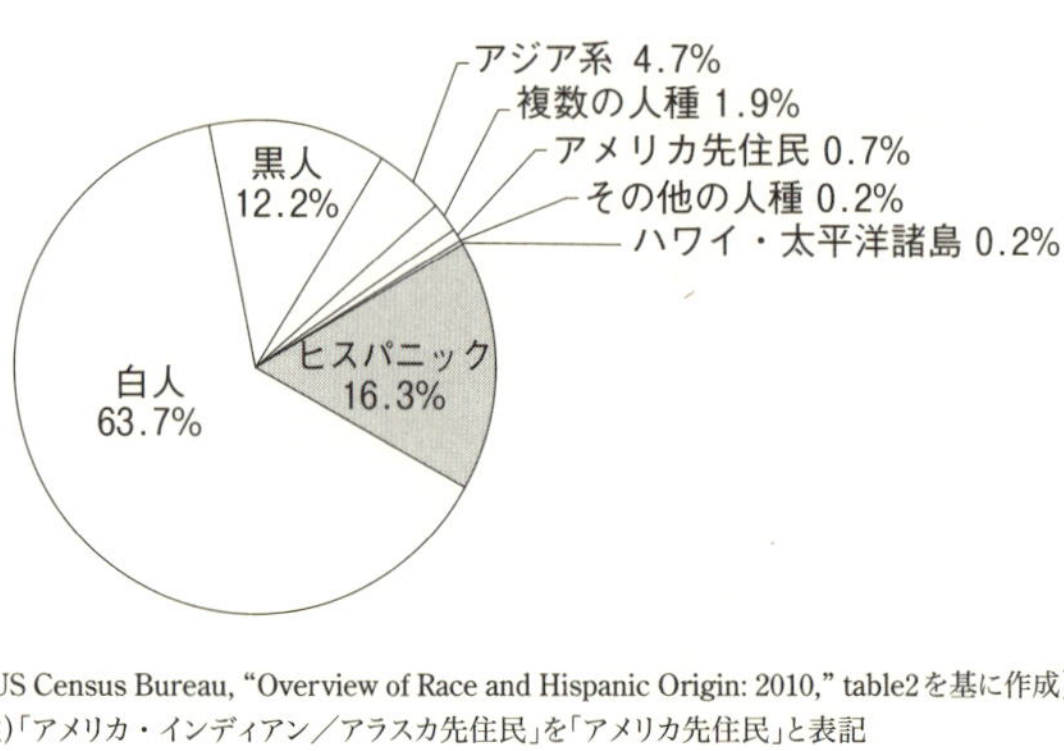

〔US Census Bureau, "Overview of Race and Hispanic Origin: 2010," table2を基に作成〕
注)「アメリカ・インディアン／アラスカ先住民」を「アメリカ先住民」と表記

*……アジア系人口の多い順は中国系、フィリピン系、インド系、ヴェトナム系、韓国系、日系である。

〔参考文献〕（＊著者50音順）

明石和康『大統領でたどるアメリカの歴史』（岩波書店，2012）
明石紀雄監修，大類久恵他編著『新時代アメリカ社会を知るための60章』（明石書店，2013）
明石紀雄『らくらく入門塾　アメリカのしくみが手短にわかる講座』（ナツメ社，2003）
青柳清孝『ネイティヴ・アメリカンの世界』（古今書院，2006）
有賀　貞『ヒストリカル・ガイドUSA　アメリカ　改定新版』（山川出版社，2012）
有賀夏紀『アメリカの20世紀　上・下』（中央公論社，2002）
飯塚英一『若き日のアメリカの肖像―トウェイン，カーネギー，エジソンの生きた時代』（彩流社，2010）
上杉忍『アメリカ黒人の歴史　奴隷貿易からオバマ大統領まで』（中央公論社，2013）
エレン・キャロル・デュボイス，リン・デュメニル著，石井紀子，小川真和子訳『女性の目からみたアメリカ史』（明石書店，2009）
槐一男『世界の国ぐにの歴史　アメリカ』（岩崎書店，1990）
大島良行『忘れられたアメリカ史』（丸善，1999）
大貫良夫他著『民族の世界史13　民族交錯のアメリカ大陸』（山川出版社，1984）
越智道雄『大統領選からアメリカを知るための57章』（明石書店，2012）
加藤洋子『「人の移動」のアメリカ史』（彩流社，2014）
紀平英作『改訂版アメリカの歴史―「新大陸」の近代から激動の現代へ』（日本放送出版協会，2000）
紀平英作編『新版 世界各国史24　アメリカ史』（山川出版，1999）
猿谷要『検証　アメリカ500年の物語』（平凡社，2004）
猿谷要『この一冊でアメリカの歴史がわかる』（三笠書房，1998）
猿谷要・槐一男『写真記録　アメリカの歴史　1～4』（ほるぷ出版，1998）
清水知久『米国先住民の歴史』（明石書店，1986）
スーザン・小山『アメリカ・インディアン　死闘の歴史』（三一書房，1995）
W.Z. フォスター著，貫名美隆訳『黒人の歴史―アメリカ史のなかのニグロ人民―』（大月書店，1970）
堤未果『アメリカから〈自由〉が消える』（扶桑社，2010）
鶴谷壽『アメリカ西部開拓博物誌』（PMC出版，1987）
富田虎男他編著『アメリカの歴史を知るための62章　第2版』（明石書店，2009）
富田虎男『アメリカ・インディアンの歴史　第三版』（雄山閣，1997）
富田虎男・鵜月裕典・佐藤円編著『アメリカの歴史を知るための62章』（明石書店，2009）
永田悦夫『新アメリカ物語　入植者は何をしたのか』（文芸社，2005）
成澤宗男『オバマの危険　新政権の隠された本性』（株式会社金曜日，2009）
野村達朗編著『アメリカ合衆国の歴史』（ミネルヴァ書房，1998）
野口悠紀雄『アメリカ型成功者の物語　ゴールドラッシュとシリコンバレー』（新潮社，2009）
パップ・ンディアイ、明石紀雄監修、遠藤ゆかり訳『アメリカ黒人の歴史』（創元社，2010）
ハワード・ジン，富田虎男他訳，猿谷要監修『民衆のアメリカ史―上・中・下』（明石書店，2005）
町山智浩『99％対１％アメリカ格差ウォーズ』（講談社，2012）
松尾弌之『アメリカという物語　欲望大陸の軌跡』（勉誠出版，2004）
矢口祐人・吉原真理編著『現代アメリカのキーワード』（中央公論社，2006）
吉枝彰久『ビジュアル博物館　アメリカ・インディアン』（同朋舎，1998）
歴史教育者協議会編『100問100答　世界の歴史3　アメリカ・太平洋』（河出書房新社，1996）

著者

石出法太（いしで のりお）

1953年生まれ．法政大学非常勤講師，歴史教育者協議会会員．

著書『まちがいだらけの検定合格歴史教科書』（青木書店），『世界の国ぐにの歴史2　イタリア』『世界の国ぐにの歴史17　ドイツ』『日本とのつながりで見るアジア　過去・現在・未来7　オセアニア』（岩崎書店），『これならわかるハワイの歴史Q＆A』『これならわかるオーストラリア・ニュージーランドの歴史Q＆A』『これならわかるオリンピックの歴史Q＆A』（共著，大月書店），『知っておきたい　フィリピンと太平洋の国々』『知っておきたい　オーストラリア・ニュージーランド』（共著，青木書店），『「日本軍慰安婦」をどう教えるか』（共著，梨の木舎）など．

石出みどり（いしで みどり）

1954年生まれ．都留文科大学・首都大学東京・立正大学非常勤講師，歴史教育者協議会会員．

著書『世界の国ぐにの歴史20　スペイン』（岩崎書店），『これならわかる世界の歴史Q＆A』（全3巻）『これならわかるハワイの歴史Q＆A』『これならわかるオーストラリア・ニュージーランドの歴史Q＆A』『これならわかるオリンピックの歴史Q＆A』（共著，大月書店），『新・歴史のとびら』（上下巻，共著，日本書籍），『知っておきたい　東南アジア2』『知っておきたい　中国3　香港・マカオ・台湾』『知っておきたい　オーストラリア・ニュージーランド』（共著，青木書店），『世界史から見た日本の歴史38話』（共著，文英堂）など．

これならわかるアメリカの歴史Q&A

2015年4月20日　第1刷発行
2016年6月20日　第2刷発行

著　者　石出法太・石出みどり
発行者　中川　進
発行所　株式会社　大月書店
113-0033　東京都文京区本郷2-11-9
電話　03-3813-4651（代表）03-3813-4656（FAX）
振替　00130-7-16387
http://www.otsukishoten.co.jp/
印刷所　太平印刷社
製本所　中永製本

ISBN978-4-272-50221-9　C0022　Printed in Japan

アメリカ略年表

西　暦	出　来　事
1898	アメリカ・スペイン（米西）戦争，ハワイ併合
1914	第一次世界大戦（～18）
1917	アメリカが第一次世界大戦参戦
1920	女性に参政権，サッコとヴァンゼッティ逮捕（27年に死刑）
1924	移民法成立し日本人を含むアジア系移民全面禁止
1929	「暗黒の木曜日」，大恐慌はじまる
1931	エンパイア・ステート・ビル完成
1933	F・ローズヴェルト政権ニューディール政策開始
1936	スペイン戦争（～39），ベルリン・オリンピック
1941	日本軍パールハーバー攻撃，対日宣戦布告
1942	日系人の強制収容
1945	広島・長崎に原爆投下，日本降伏，日本占領開始
1947	トルーマンの「封じ込め」宣言
1950	マッカーシー旋風，朝鮮戦争（～53）
1951	対日講和条約，日米安全保障条約締結
1955	アラバマ州モントゴメリーでバス・ボイコット事件
1957	スプートニク・ショック
1962	キューバ危機
1963	ワシントン大行進，ケネディ大統領暗殺
1965	ヴェトナム戦争で北爆開始，マルコムX暗殺
1969	アポロ11号月面到着，ウッドストック音楽フェスティバル
1972	ニクソン大統領訪中，ウォーターゲート事件発覚
1979	イランで米大使館占拠・人質事件，スリーマイル島原発事故
1983	アメリカ軍グレナダ侵攻
1988	日系人強制収容補償法成立
1991	湾岸戦争
1999	クリントン大統領弾劾裁判で無罪，コロンバイン高校銃乱射事件
2001	9・11同時多発テロ，アメリカ軍アフガニスタン侵攻
2003	イラク戦争，フセイン政権崩壊
2005	巨大ハリケーン・カトリーナが南部を直撃
2007	ヴァージニア工科大学銃乱射事件
2008	リーマン・ショック
2009	オバマ大統領就任
2011	「ウォール街を占拠せよ」運動
2013	ミシガン州デトロイト市連邦破産法適用を申請
2014	アメリカ軍，過激派組織 IS へ空爆開始